AF260385

SÉJOUR

DE

S. E. M. LE DUC DE PERSIGNY

A ROANNE

EN 1864

SÉJOUR

DE SON EXCELLENCE

M. LE DUC DE PERSIGNY

A ROANNE

A L'OCCASION DU CONCOURS RÉGIONAL

TENU DANS CETTE VILLE EN 1864

ROANNE

IMPRIMERIE SAUZON, RUE IMPÉRIALE, 70

1864

LA VILLE DE ROANNE

A SON EXCELLENCE

M. LE DUC DE PERSIGNY

Sénateur, Membre du Conseil privé.

Depuis longtemps la ville de Roanne était dé-
fireufe de recevoir et de fêter à fon tour Son
Excellence M. le duc de Perfigny.

Elle avait à cœur de lui témoigner avec éclat
fa reconnaiffance pour les bienfaits dont elle eft
redevable à fa généreufe initiative.

En 1862, à l'époque de la feffion du Confeil
général que Son Excellence, alors Miniftre de l'Intérieur, était venue préfider, elle lui envoya, à
Saint-Etienne, une députation prife au fein de fon
Confeil municipal pour lui demander de l'honorer
d'une vifite.

Rappelé à Paris par le fervice de l'Empereur,
M. le duc de Perfigny ne put répondre à cette
invitation. Il en exprima tous fes regrets dans une
lettre des plus gracieufes et des plus bienveillantes
adreffée au Maire de la ville.

Le Confeil Municipal attendait avec impatience une occafion favorable pour renouveler fa démarche, et, dès qu'il fut d'une manière certaine que Roanne devait être le fiége du Concours régional en 1864, il vota par acclamation une adreffe à M. le duc de Perfigny, pour l'inviter, au nom de la ville, à affifter à cette grande folennité agricole.

Le Maire partit pour Paris, avec miffion de remettre lui-même cette adreffe à Son Excellence, qui voulut bien lui promettre, qu'à moins d'empêchements imprévus, Elle fe rendrait avec empreffement au vœu de fes concitoyens.

Cette promeffe s'eft réalifée : M. le Duc vient de paffer deux jours au milieu de nous.

Ces deux jours n'ont été qu'une fuite d'ovations et ont encore refferré les liens fi étroits déjà qui attachaient les Roannais à l'éminent Homme d'Etat, dont le cœur, au faîte des grandeurs et au milieu des plus hautes préoccupations de la politique, a confervé, fi vivaces et fi fervents, le culte des fouvenirs du premier âge et l'amour du pays natal.

Par la publication de la brochure qu'on va lire, l'Autorité Municipale a voulu perpétuer le fouvenir de ces fêtes, où fe font manifeftés, avec tant de fpontanéité et d'enthoufiafme, le dévouement et l'amour de la population roannaife pour le Souverain, grand et populaire entre tous, dont fon illuftre Compatriote eft l'ami le plus fincère et le plus fidèle serviteur.

7 MAI.

7 MAI

Onze heures et demie. — M. le duc de Persigny va
arriver. Roanne est en pleine fête : les drapeaux flottent
aux fenêtres, les oriflammes s'agitent au haut des
grands mâts ; des arcs de triomphe, les uns, élevés aux
frais de la ville, les autres, œuvres spontanées des
habitants, se dressent sur les points principaux du
parcours de la Gare à la Sous-Préfecture. Ils sont
décorés avec un goût parfait et portent tous les armes
du Conseiller privé de l'Empereur. A Montbrison, vous
vous en souvenez, l'enthousiasme populaire y avait
ajouté une belle devise et bien méritée : *Au plus fidèle !*

Une foule immense, telle qu'on n'en vit peut-être
jamais d'aussi compacte, emplit les rues ; on ne cir-
cule pas, on s'entasse ; on n'avance pas, on se porte.
De tous côtés, le tambour bat, les fanfares reten-
tissent. Ce sont les diverses corporations, bannières

au vent et tambours en tête, qui se rendent au chemin de fer : compagnie des Sapeurs-Pompiers, sociétés des Tisseurs Roannais, de Sainte-Anne, mariniers de la Loire, sociétés de Secours Mutuels, des Anciens Militaires et autres. Un peu plus loin, des groupes d'exposants, agronomes, constructeurs, mécaniciens, producteurs de n'importe quelle nature ; des masses de paysans endimanchés, pêle-mêle avec des membres du jury décorés des insignes de leurs fonctions, et des commissaires des fêtes.

Un océan tumultueux de têtes, un concert assourdissant de vingt mille voix ; des visages radieux sur toutes les portes, des bouquets de jolies femmes à tous les balcons, et un soleil splendide éclairant le tout.

Midi 1/2. — Toutes les Autorités du département, de l'arrondissement et de Roanne sont réunies à la Gare. On remarque M. Sencier, préfet de la Loire ; M. Tézenas, sous-préfet de Roanne ; M. Boullier, maire, avec ses deux Adjoints et son Conseil Municipal ; plusieurs Préfets ; M. Cazeaux, inspecteur général de l'agriculture, commissaire du Concours, et les membres des Jurys d'exposition ; le Président de la Société d'Agriculture de Roanne et ceux des Comices de Saint-Symphorien-de-Lay et de Perreux, suivis de presque tous les membres de ces trois associations agricoles ; les grands propriétaires primés et médaillés ; les personnages de distinction que les solennités du Concours ont attirés à Roanne ; une centaine de fonctionnaires de tout ordre , auxquels se sont joints les Maires de l'arrondissement , la plupart accompagnés de leurs adjoints , et plusieurs de leurs conseillers municipaux.

Un dernier coup de canon annonce l'arrivée du train qui amène l'Hôte illustre de la cité , et la locomotive stoppe au milieu d'une bruyante symphonie dans laquelle se mêlent les vivat de ce public d'élite , les sifflements de la vapeur et les éclats de la *Fanfare Roannaise.*

M. le duc de Persigny descend du train , avec son fils âgé de 9 ans , accompagné de son parent, M. d'Espagny, receveur central de la Seine, et de M. de Laire , son secrétaire particulier. Il est reçu par M. le Préfet de la Loire , qui lui présente M. le Sous–Préfet et M. le Maire de Roanne.

Dès qu'il paraît dans la cour de la Gare , toutes les corporations et la foule énorme qui les accompagne, l'acclament par des cris chaleureux et répétés de : *Vive l'Empereur ! Vive M. le duc de Persigny !*

Le secrétaire de la Société des Anciens Militaires, l'un des plus jeunes membres de cette phalange qui compte des soldats de Marengo , d'Austerlitz, de l'armée d'Afrique , de Sébastopol et de Solférino , s'avance alors et harangue en ces termes l'illustre Visiteur :

« MONSIEUR LE DUC,

» Il y a quelques mois, alors que la Société de Secours Mutuels des Anciens Militaires de Roanne n'était qu'à l'état de projet, les adhérents à sa formation chargèrent un bureau provisoire de vous prier de leur faire l'honneur de vouloir bien en accepter la présidence ; vous avez daigné leur répondre, par l'entremise de Monsieur le Sous-Préfet, qu'étant retenu toute l'année hors de notre ville, il vous était impossible de remplir ces fonctions.

» Par décret impérial du 2 avril dernier, M. Charmetton, ancien officier, a été nommé président actif de cette Société, et nous attendions impatiemment votre arrivée pour que vous fussiez présent à son installation. Enhardi par votre sollicitude bien connue à soutenir et à encourager les œuvres utiles, je viens, au nom de tous mes camarades, vous supplier de vouloir bien être leur président honoraire. Nous ne pourrions, pour obtenir une telle faveur, nous adresser à un homme plus illustre par son dévouement à la France et à l'Empereur.

» Enfin, Monsieur le Duc, veuillez recevoir, à votre arrivée dans la cité qui a l'honneur de vous compter au nombre de ses enfants, l'expression des sentiments de profond respect et de dévouement de ses anciens militaires et de tous les membres des diverses compa-

gnies que vous voyez ici. Ils ont saisi avec empressement l'occasion de venir fêter votre bienvenue au milieu
de nous, et m'ont délégué, eux aussi, pour vous ex-
primer les mêmes sentiments. »

M. le duc de Persigny répond qu'il accepte avec le
plus grand plaisir la présidence honoraire de la Société
des Anciens Militaires, à la prospérité de laquelle il
s'intéresse vivement; car cette institution, dit-il, en
ajoutant un nouveau lien à ceux qui unissent déjà tous
les soldats, aura pour résultat d'entretenir dans la vie
civile les sentiments chevaleresques d'honneur et de
patriotisme qui ont fait la France si grande parmi les
nations.

Ces paroles, dont notre résumé ne saurait rendre la
portée, sont couvertes d'applaudissements.

M. le duc de Persigny parcourt ensuite les rangs
formés par les sapeurs-pompiers, les médaillés de
Sainte-Hélène et les diverses corporations, et trouve,
en leur parlant, des mots qui leur vont droit au cœur.

Le cortége se met ensuite en marche, M. le duc
de Persigny suivi de son jeune fils et ayant à son
côté M. le Maire de Roanne; mais ce n'est pas chose
aisée de se frayer un chemin au travers de ces
masses de peuple. Le respect de cette brave population
roannaise pour M. le duc de Persigny n'est pas aussi
fort que son ardente sympathie. On se presse, on se

pousse sur les pas de ce « bienfaiteur de la cité, » comme disent les arcs de triomphe.

Il pleut des fleurs, et les cris de : *Vive l'Empereur ! Vive M. le duc de Persigny !* qui n'ont pas cessé, éclatent avec un redoublement d'énergie.

Arrivé à l'hôtel de la Sous-Préfecture, dont le portail, orné de deux aigles d'or et de trophées de drapeaux, est surmonté d'un fronton représentant les armes ducales de l'illustre Visiteur, M. le duc de Persigny se fait présenter quelques-uns des membres du haut Jury, pour chacun desquels il a un compliment aimable. Il procède ensuite à l'installation de la nouvelle Société des Anciens Militaires, dont il vient d'accepter la présidence honoraire, et qui salue « l'ami de l'Empereur » par d'énergiques vivat.

1 heure. — Après quelques instants de repos, M. le duc de Persigny se rend à l'exposition des bestiaux par les jardins de la Sous-Préfecture. MM. les commissaires généraux se mettent à sa disposition. M. le Duc visite tous les baraquements, témoignant fréquemment de sa satisfaction et félicitant M. le Maire de Roanne du succès rare de cette partie du Concours.

Au rond-point des Promenades, il s'arrête pour écouter une marche exécutée par la Fanfare Roannaise avec un entrain extraordinaire.

En ce moment, M. le vicomte de Vougy, directeur général des lignes télégraphiques, apporte à Son Excellence une dépêche qui annonce que Sa Majesté, par décision impériale de la veille, autorise la ville de Roanne à mettre la Croix de la Légion-d'Honneur dans ses armes.

La population accueille la nouvelle par un cri mille fois répété de : *Vive l'Empereur! Vive M. le duc de Persigny!* La ville de Roanne est décorée pour sa glorieuse défense contre les Autrichiens, le 27 mars 1814. La population contemporaine compte encore, parmi ses vivants, deux glorieux soldats de cette époque héroïque.

Après avoir visité l'Exposition des fleurs et félicité les organisateurs sur le goût qui a présidé à la disposition et à la décoration de ce parterre improvisé, Son Excellence se rend à l'Exposition des machines, et s'arrête avec intérêt devant plusieurs appareils à vapeur, notamment devant une pompe à dessèchement, dont il se fait expliquer l'ingénieux mécanisme.

De là Son Excellence se dirige vers le Palais-de-Justice, où doit avoir lieu une séance générale de la Société la *Diana*.

A cette occasion, le portail de l'édifice s'est transformé en un arc de triomphe des plus élégants, où se lit cette légende : *Au Fondateur de la Diana.*

La séance s'ouvre. Tous les membres de la Société y assistent. Le fauteuil de la présidence est occupé par M. le duc de Persigny.

M. Majoux, maire de Montbrison, vice-président, donne lecture d'un excellent rapport sur l'état actuel de la Société.

2

M. le duc de Persigny prend la parole :

Nous regrettons que l'absence d'un sténographe nous ait privé d'une reproduction exacte de son allocution; mais en voici à peu près le résumé :

« J'ai cru remarquer, a-t-il dit, par plusieurs observations qui m'ont été faites, que certaines personnes n'avaient pas suffisamment compris le but de la Société que nous avons fondée. Je ne me suis point proposé, en faisant appel au pays, de créer une société archéologique, comme il en existe dans un grand nombre de départements. Je trouve assurément très honorable que des savants, des archéologues, des historiens, des géographes, se réunissent pour s'occuper ensemble de recherches historiques et archéologiques, se faire part de leurs travaux, de leurs découvertes, et publier des mémoires. Il existe une société semblable à Lyon, dont le recueil est très estimé, et qui s'occupe de l'histoire du Forez comme du Beaujolais et du Lyonnais proprement dit. Les colonnes de ce recueil sont ouvertes aux archéologues de notre département comme à ceux du département du Rhône. Il n'y avait donc pas là de lacune à combler, et nous ne pourrions pas faire mieux. Pour moi, qui ne suis, comme plusieurs d'entre vous, ni historien, ni archéologue, ni géographe, je n'ai pas songé un instant à créer une société rivale de celle du Lyonnais; mon but a été tout autre. Ce que je me suis proposé, avec un grand nombre de mes concitoyens, c'est de fonder un véritable monument pour notre province en créant, dans la salle de la *Diana*, ancienne salle des

Etats du Forez, restaurée par nos soins, un cabinet historiographique, destiné à renfermer tous les documents qui peuvent intéresser l'histoire de notre province. J'ai pensé que le plus grand service à rendre aux hommes d'étude et de travail qui auront un jour à illustrer notre province, c'est de leur fournir des moyens d'étude d'un accès facile, comme le sont, pour l'histoire de la France en général, les musées, les bibliothèques, les cabinets de tous genres dont le Gouvernement et les Gouvernements qui l'ont précédé ont enrichi Paris. Je suis convaincu que le jour où nous aurons réuni dans la *Diana* les livres, manuscrits, documents et renseignements concernant l'histoire du Forez, qui peuvent se trouver dans les divers cabinets, musées ou bibliothèques de l'Europe, ou, à défaut des pièces elles-mêmes, une nomenclature détaillée de ces pièces, nous aurons rendu un grand service à notre province. Vous n'ignorez pas que les documents qui concernent un pays ne se trouvent pas toujours dans le pays même. Les révolutions, les bouleversements, les vicissitudes de la fortune, les guerres, les émigrations des familles, les ventes et les héritages, mille causes, enfin, tendent incessamment à les disperser. C'est ainsi qu'on retrouve, dans les dépôts de presque tous les départements et même de l'étranger, comme par exemple à la bibliothèque d'Oxford, en Angleterre, des matériaux précieux pour l'histoire de notre province.

» Or, l'on comprend tout l'intérêt que présenterait, au centre de notre province, un dépôt où l'homme d'études pourrait trouver sans peine les matériaux de notre histoire, dans tous les genres : politique, religion, législation, littérature, science, industrie, etc. Dans l'état actuel des provinces, faute de documents suffisants, les recherches individuelles ne sont que des efforts impuissants. Supposons qu'un écrivain veuille faire l'histoire de nos industries métallurgiques et remonter à la source des magnifiques développements de l'activité stéphanoise. En recherchant les procédés de nos ancêtres et les comparant à ceux de notre époque, on pourrait probablement faire jaillir de cette comparaison des idées précieuses, susceptibles de conduire à de nouveaux progrès. Mais aujourd'hui, de pareilles recherches sont au-dessus des forces d'un homme. Avec la *Diana*, au contraire, tout deviendra possible, facile même; car il suffira de consulter nos registres pour savoir à l'instant où se trouvent tous les documents connus sur ces matières et ainsi de tous les autres sujets d'étude.

» Messieurs, tout bon citoyen a deux espèces de devoirs à remplir : les uns obligatoires, qui forment la part contributive de tout homme en société, comme la conscription et les impositions; les autres volontaires, et qui ne sont pas les moins importants, comme ceux de la bienfaisance et de la charité. Or, n'est-il pas juste de comprendre, au nombre de ces derniers, ceux que peut nous dicter l'amour de notre province? — Ce que l'Etat ne fait que pour la France en général, et ne peut pas faire pour les départements en particulier, notre patriotisme ne peut-il pas l'entreprendre? La bonne volonté des principaux habitants ne peut-elle pas l'accomplir? Voilà ce que je me suis dit, en vous faisant un appel auquel vous avez si généreusement répondu. Permettez-moi de vous en féliciter. En vous associant pour élever un monument à la gloire de nos ancêtres et créer un foyer de lumières pour vos descendants ; en honorant ainsi le patriotisme du Forez comme le Gouvernement honore le patriotisme de la France, vous aurez bien mérité de vos concitoyens, et vos enfants seront un jour fiers et reconnaissants de l'œuvre que vous aurez accomplie. »

De vifs applaudissements répondent à cette allocution.

M. de Chantelauze lit un très intéressant rapport sur la composition de la future bibliothèque de la *Diana*, et reçoit les félicitations de M. le duc de Persigny.

A propos d'un passage de ce rapport, où l'auteur fait comprendre l'avantage d'étudier l'histoire sur les titres originaux, M. le duc de Persigny prend de nouveau la parole pour citer un exemple piquant des erreurs historiques accréditées par les écrivains qui se bornent à répéter d'autres livres.

« Vous connaissez, Messieurs, dit M. le duc de Persigny, l'*Histoire des Ducs de Bourgogne* de M. de Barante, ouvrage d'ailleurs estimé. Malheureusement pour l'auteur et pour son œuvre, M. de Barante ne paraît pas avoir connu l'existence des archives de Dijon et de Lille. Au lieu de reproduire les opinions

de ses devanciers, il aurait pu éclairer d'une vive
lumière l'histoire des quatre ducs de la maison de
Valois, la plus étonnante succession de grands princes
qu'on connaisse dans une même famille. L'un de ces
princes, le dernier, Charles-le-Téméraire, est un
exemple mémorable des caprices de la Renommée
comme de la Fortune. Si M. de Barante avait fouillé
aux sources originales, il aurait trouvé les moyens de
venger la mémoire de ce prince. Il existe, en effet,
aux archives de Dijon, entre autres documents précieux, toute une collection de lettres de Charles-le-
Téméraire aux Etats de Bourgogne, lettres écrites par
lui pendant le cours de ses campagnes de Granson et
de Morat, et qui prouvent que ce prétendu fou, cet
écervelé, ce téméraire en un mot, était, au contraire,
un homme de guerre d'une prudence consommée et
un politique d'une remarquable hauteur de vues.
Vous savez que, de son temps, les phalanges suisses
formaient la principale force des armées, soit en
France, soit dans les Etats voisins. Dans les luttes
de leur indépendance, les Suisses avaient retrouvé,
comme par hasard, l'antique phalange macédonienne.
Des masses d'hommes organisées sur cinquante à
soixante rangs de profondeur, se tenant fortement
reliés entre eux et présentant de toute part un front
hérissé de piques, formaient de véritables citadelles
mobiles, sur lesquelles venait se briser l'impétuosité
de la chevalerie. Ce mode de combattre leur avait
donné, au moyen-âge, une telle supériorité sur toutes
les armées de l'Europe, que si, au lieu de vendre

misérablement leurs services , ils avaient eu un gouvernement sérieux , capable de lutter avec les autres
gouvernements de cette époque , ils auraient pu domi-
ner une partie de l'Europe. L'invention de l'artillerie
devait cependant mettre fin à cette supériorité , en for-
çant les armées à renoncer à l'ordre profond où le canon
a un si grand avantage. Mais , au XV⁰ siècle , on ne
s'était pas encore rendu compte du vice de l'ordre profond. Charles-le-Téméraire fut le premier homme de
guerre qui devina la tactique moderne. Quoique son
caractère impétueux et chevaleresque en fît le cham-
pion naturel de l'ancienne chevalerie française , il
comprit que le canon seul pouvait écraser les phalanges suisses , et il s'était appliqué, en conséquence, à
former une artillerie admirable pour le temps. Ainsi,
il traînait avec lui, dans ses campagnes de Granson et
de Morat, quatre-vingts pièces de canon attelées, et s'oc-
cupait avec ardeur des moindres détails de cette arme
nouvelle. Avec une pareille force , il devait se croire sûr
d'écraser les Suisses. Mais , malheureusement pour lui,
on ignorait à cette époque les principes du tir , et surtout le phénomène du but en blanc. Convaincu des
ravages qu'un boulet pouvait produire dans des masses profondes , le Duc de Bourgogne laissait approcher
l'ennemi de fort près , afin que sa cavalerie pût immédiatement profiter du désordre que le canon allait jeter
dans l'infanterie suisse pour l'écraser. Mais les boulets
passaient par-dessus la tête des Suisses , qui tombaient
alors de tout le poids de leurs phalanges sur l'artillerie
et s'en emparait.

» Charles-le-Téméraire fut donc victime de l'igno-
rance militaire de son temps. Si ses officiers d'artillerie
eussent connu les principes du tir ; s'ils avaient visé plus
bas , à une petite distance, les Suisses auraient été
écrasés comme ils le furent, quarante ans plus tard, à la
bataille de Marignan. A quoi tient souvent la fortune et
la gloire !... Si l'artillerie bourguignonne eût su ce que
sait de nos jours le dernier artilleur , il eût triomphé à
Granson ; vainqueur des Suisses , et disposant tout à la
fois de la plus belle chevalerie et de la première artillerie de son temps , il serait parvenu probablement , de
triomphe en triomphe, jusqu'au trône de France, et aurait certainement légué à la postérité le souvenir d'un
des plus grands princes de l'histoire. Il est hors de
doute que c'était un trait de génie d'avoir devancé son
époque et deviné le principe de la tactique moderne.
Quand on pense que tant de courage , tant d'héroïsme,
tant de qualités brillantes n'ont abouti qu'à ce malheu-
reux surnom de *Téméraire* , on regrette que l'histoire
n'ait pas su trouver les titres qui devaient réhabiliter
sa mémoire dans l'estime des hommes. »

L'ordre du jour étant épuisé, la séance est levée aux
cris de : *Vive M. le duc de Persigny !*

3 *heures* 3/4. — Son Excellence M. le duc de Persigny monte en voiture avec M. le Préfet de la Loire et
M. le Sous-Préfet de Roanne , pour se rendre sur le
terrain des expériences des machines de labourage à
vapeur,

A l'entrée du faubourg Clermont, s'élève un arc de triomphe, improvisé le matin par les habitants de ce quartier populeux. En avant, vingt-cinq jeunes gens du faubourg attendent le Duc, à cheval, drapeau en main. Ils se rangent autour de la voiture, et un formidable vivat monte dans l'air. Six mille personnes s'entassent sur la route. L'excursion n'est qu'une ovation prolongée.

A son arrivée sur le champ des manœuvres, Son Excellence est reçue par M. le comte de Vougy, président de la Commission du Concours international, qui lui présente les membres de cette Commission et ceux du Jury, parmi lesquels figure M. Jacob Wilson, agronome distingué, dont les appréciations font autorité en Angleterre. Son Excellence lui adresse dans sa langue des paroles dont il paraît vivement flatté.

Les expériences comparatives sont renouvelées par les trois machines concurrentes : la machine anglaise de la maison Howard, la défonceuse de M. le marquis de Poncins et la piocheuse de M. Ganneron. Ces machines, toutes trois également remarquables dans leur spécialité, fonctionnent à merveille. Son Excellence suit leurs manœuvres avec un vif intérêt Le terrain des opérations est rempli de spectateurs.

A cinq heures, M. le Duc et ceux qui l'accompagnent rentrent à la Sous-Préfecture.

A 7 heures, un grand dîner offert à M. le duc de Persigny, par M. le Sous-Préfet et Madame Tézenas, réunit à la Sous-Préfecture M. Vaïsse, sénateur, chargé de l'administration du département du Rhône ; M. Sencier, préfet de la Loire ; M. le vicomte de Vougy, directeur général des lignes télégraphiques ; M. Gaulot, procureur général près la Cour impériale de Lyon ; M. d'Espagny, receveur central de la Seine ; M. Cazeaux, inspecteur général d'agriculture ; M. le baron de la Guéronnière, préfet de Saône-et-Loire ; M. le baron de Lassus de Saint-Geniès, préfet de Seine-et-Marne ; M. Lemasson, préfet de l'Allier ; M. de Saint-Pulgent, préfet de l'Ain ; M. le comte de Callac, préfet de la Nièvre ; M. Francisque Balay, député de la Loire ; M. Boullier, maire de Roanne ; M. le comte de Vougy ; M. le baron Thénard, membre de l'Institut ; M. Heuzé, inspecteur général d'agriculture ; M. Baral, membre de la Société centrale et impériale d'agriculture de France ; M. de Laire, secrétaire particulier de M. le duc de Persigny, etc.

Huit heures — La ville s'illumine.

A neuf heures du soir, les salons de la Sous-Préfecture s'ouvrent à une foule nombreuse qu'ils ont peine à contenir, et où figurent tous les noms marquants du Forez, un grand nombre de notabilités des départements de la région, les membres des jurys des Concours régional et international, etc., etc. M. le duc de Persigny a pour toutes les personnes qui lui sont présentées une parole bienveillante et gracieuse, et les accueille avec cette affabilité distinguée qui lui conquiert si promptement tous les cœurs.

Bientôt la Fanfare et la Chorale roannaises, escortées de jeunes gens portant de torches, arrivent, bannière en tête, dans la cour de la Sous-Préfecture.

Cette cour est brillamment illuminée à l'aide d'appareils à gaz, de flammes de bengale et de lanternes vénitiennes. Le beau cèdre qui s'élève au milieu porte à chacune de ses branches une foule de girandoles aux vives couleurs ; l'ensemble de cette décoration est d'un aspect féerique.

Aux premières notes de la Fanfare, Son Excellence M. le duc de Persigny paraît sur le perron, et la foule énorme qui encombre la cour et les abords de la Sous-Préfecture le salue d'un immense vivat.

La Fanfare et la Chorale exécutent divers morceaux avec une justesse et une vigueur des plus remarquables. Son Excellence félicite en juge compétent nos jeunes musiciens, qui répondent à ces éloges si flatteurs par des cris chaleureux de : *Vive l'Empereur ! Vive M. le duc de Persigny !* cris que la foule répète avec énergie, et qu'elle renouvelle dans tous les intermèdes.

Dans le courant de la soirée, on a entendu M. Sapin, ancien ténor de l'Académie impériale, qui vient d'avoir sur le théâtre d'Anvers un immense succès. Sur la demande de M. le duc de Persigny, M. Sapin a chanté divers passages du *Trouvère* et de *Jérusalem ;* sa voix pleine et sonore, son art consommé lui ont valu tous les suffrages.

Rien, en un mot, n'a manqué au charme de cette

réunion, qui a terminé brillamment cette journée, où nos concitoyens, ordinairement si avares de manifestations, ont fait à leur éminent et bien-aimé compatriote une si enthousiaste et si splendide réception.

Nous ne devons pas omettre, dans ce compte-rendu, un incident plein d'intérêt.

M. le duc de Persigny, comme nous l'avons dit, était accompagné de son fils, charmant enfant de neuf ans, dont la figure expressive et intelligente trahissait la profonde impression que lui causait l'accueil enthousiaste fait à son père par toute une population. Dans la rue de la Côte, plusieurs bouquets furent jetés à M. le Duc par des dames aux élégantes toilettes qui garnissaient les fenêtres. L'enfant, avec un empressement plein de gentillesse et de grâce, ramassa ces bouquets et les offrit à son père. — Et la foule d'applaudir.

Le jeune Jean de Persigny n'oubliera point ces éclatants témoignages de reconnaissance et d'affection dont « l'ami de l'Empereur » a été l'objet de la part de ses concitoyens, et, nous n'en doutons pas, plus tard, quand il sera devenu homme, le fils, plein de ces émouvants souvenirs, continuera, auprès de ses compatriotes du Forez, auprès de la France et de la Dynastie qu'elle a acclamée, la mission accomplie par le père avec tant de loyauté et de chevaleresque dévouement.

8 MAI

8 MAI

La journée d'aujourd'hui termine les fêtes des
Concours régional et international. Le temps con-
tinue d'être magnifique. La foule emplit les rues, les
promenades, les places, et surtout les abords de la
Sous-Préfecture, où l'on sait que l'Hôte de la ville
de Roanne a passé la nuit.

A neuf heures, l'ancienne Société des Tisseurs
Roannais, dite de *Sainte-Anne*, qui n'avait pu être
présentée à M. le duc de Persigny, dans la cour de
la Gare, sollicite l'honneur d'être reçue par lui. Son
Excellence les accueille avec son affabilité ordinaire,
les remercie de leur sympathique démarche, et pro-
voque leurs acclamations en les assurant de la profonde et constante sollicitude de l'Empereur pour les
classes laborieuses. Ces braves gens sont enchantés
d'un aussi bienveillant accueil, et mêlent une dernière

fois, dans leurs vivat, le nom de l'Empereur à celui de M. le duc de Persigny.

Bientôt après, Son Excellence monte en voiture avec M. le Préfet de la Loire, M. le Sous-Préfet de Roanne, M. d'Espagny, receveur central de la Seine, et se rend à l'église paroissiale Saint-Etienne, pour assister à une messe en musique où se font entendre les Sociétés chorale et philharmonique de Roanne, qui se sont surpassées dans cette circonstance.

De retour à la Sous-Préfecture, M. le duc de Persigny préside à l'installation des membres récemment élus de la Chambre de Commerce, dont la création est due, comme on sait, à son initiative.

A cette occasion, il prononce quelques paroles qui témoignent du vif intérêt qu'il porte à l'industrie roannaise. « En sollicitant, dit-il, le décret d'insti-
» tution de la Chambre de Commerce, j'ai cru faire
» une démarche utile à votre industrie, dont les
» progrès et la prospérité ont toujours été l'une de mes
» préoccupations. Je me propose, ajoute-t-il, dans le
» but de faciliter les importantes transactions qui s'o
» pèrent sur votre place, de faire tous mes efforts
» pour obtenir l'établissement, à Roanne, d'une suc-
» cursale de la Banque de France. » — Inutile de dire que cette promesse est accueillie par tous les assistants avec autant de satisfaction que de recon-naissance.

Après un grand déjeuner à la Sous-Préfecture, Son Excellence M. le duc de Persigny se rend, vers deux heures, accompagné de M. le sénateur Vaïsse, de M. le Procureur général, de M. le Préfet de la Loire, de M. le Maire de Roanne, des Préfets et des Sous-Préfets de la région, en grand uniforme, au champ du Concours, où doit avoir lieu la distribution solennelle des récompenses aux exposants. Il passe à travers une haie épaisse de peuple qui le salue de ses acclamations, et va se placer sur l'estrade élevée à l'extrémité de la tente qui doit abriter les invités

M. le duc de Persigny prend la présidence. Il a à sa droite M. Vaïsse, sénateur, administrateur du département du Rhône, M. Sencier, préfet de la Loire, M. Tézenas, sous-préfet, et M. Boullier, maire de Roanne; à sa gauche, M. Cazeaux, inspecteur général du ministère de l'agriculture et du commerce, et M. Gaulot, procureur général. Derrière eux, se groupent MM. les Préfets et Sous-Préfets, MM. les Jurés des diverses expositions, les membres du Conseil Municipal de Roanne, les autres autorités locales, et un grand nombre d'autres notabilités.

Sur des siéges placés au bas de l'estrade, à droite et à gauche, sont assis ceux de MM. les exposants à qui des premiers prix et des médailles ont été affectés. Le reste de l'espace est rempli par les exposants primés ou non primés, et par les personnes qui ont pu se munir de cartes d'entrée. Autour de la tente, complètement ouverte sur ses faces, se presse une foule immense. A gauche, la musique de Roanne fait entendre ses fanfares retentissantes.

Sur les portants de l'élégant édifice, élevé par Godillot, s'entre-croisent des drapeaux, surmontant les
armes de tous les chefs-lieux des départements de la
région, au milieu desquelles figure l'écusson de la ville
de Roanne, avec la Croix de l'Ordre impérial de la Légion-d'Honneur, qu'elle a désormais la gloire d'ajouter
à son blason.

Dans le fond de l'estrade, tapissée de velours rouge
à crépines d'or, est le buste de l'Empereur Napoléon III,
abrité sous des faisceaux de drapeaux.

M. le duc de Persigny se lève et prononce d'une
voix accentuée et sonore le discours suivant. Pendant
qu'il parle, le plus religieux silence règne au loin et
n'est interrompu que par les applaudissements les plus
chaleureux et des témoignages réitérés de sympathique
adhésion.

« Messieurs,

» L'honneur que me fait la ville de Roanne, en m'appelant à présider cette solennité agricole, m'est double-
ment précieux. Il me permet de remercier mon pays
natal des marques d'une bienveillance dont je suis
profondément touché, et me donne l'occasion de rendre
à l'agriculture et aux populations laborieuses des campagnes le tribut de mon respect et de ma sympathie.

» C'est encore ému d'admiration, encore émerveillé
de ce que j'ai vu ici, et surtout fier pour notre région

des progrès qu'elle a réalisés dans toutes les branches
de l'agriculture, que je prends la parole devant vous.
Je ne crois pas, en effet, que jamais concours régional
ait été plus remarquable et par le nombre et la beauté
des animaux, et par le choix des produits, la qualité
des instruments et machines aratoires, notamment les
charrues à vapeur, enfin par la variété et le nombre
des objets exposés. Mais laissant à d'autres, plus com-
pétents sur ces matières spéciales, le soin d'analyser
vos produits et d'en signaler les perfectionnements, je
vous demande la permission de considérer l'agriculture
dans des rapports plus familiers à mon esprit.

» On a dit de tout temps que l'agriculture est la première, la plus noble des industries; qu'elle fait la richesse et la force des Etats. Ce qu'on n'a pas assez dit,
c'est qu'elle en est la sécurité (*Très-bien*).

» Cherchez dans l'histoire, vous ne trouverez pas un
grand peuple, pas un grand gouvernement, qui n'ait
dû sa durée à l'appui des populations agricoles. Rome
elle-même, cette cité illustre entre toutes, qui person-
nifia pendant tant de siècles toute une civilisation,
tout un monde, n'a pas eu d'autres conditions de soli-
dité. Pendant que les tribus intérieures de la ville, sans
cesse agitées par les passions du Forum et les menées
des ambitieux, mettaient si souvent en péril l'existence
même de l'Etat, c'était toujours le vote des tribus de
la campagne qui, rendant le pouvoir aux bons citoyens
et consolidant l'autorité du Sénat, rétablissait l'ordre
et sauvait la chose publique (*Applaudissements prolongés*).

» De nos jours, c'est aussi un grand Gouvernement que celui qui a fait, en Angleterre, dans l'espace de deux siècles seulement, d'une île de cinq à six millions d'habitants, une puissance qui règne aujourd'hui sur plus de 150 millions d'âmes, et possède la dixième partie des terres habitables du globe. Eh bien, pendant le cours de si prodigieux développements, ce Gouvernement s'est trouvé presque constamment en butte à l'hostilité ardente, passionnée des représentants des grandes villes industrielles, qui ne devaient qu'à lui leur étonnante prospérité. Comme Rome, il n'a vécu et triomphé de tous les obstacles qu'avec l'appui persévérant des comtés agricoles, et l'on peut se demander ce que serait devenue la fortune de l'Angleterre si l'indifférence des campagnes eût laissé le champ libre aux passions des grandes cités (*Très-bien*).

» Quant aux exemples à tirer de notre propre pays, je n'ai pas besoin de les citer, tant ils sont connus et présents à l'esprit de tous ; je me bornerai seulement à une observation. Si jamais Gouvernement a été l'expression des sentiments, des idées, des intérêts des masses populaires, dans les villes comme dans les campagnes, c'est assurément le Gouvernement fondé, élevé, constitué par la volonté de ces grandes masses (*Bravos*); et, cependant, il a suffi récemment de la coalition de quelques journaux, aidés de circonstances accidentelles et favorisés par un concours d'intrigues diverses, pour entraîner les esprits, à Paris et dans deux ou trois centres de population, au-delà des limites de l'opinion générale du pays (*C'est cela, très-bien*). Ce résultat, qui

contraste si étrangement avec les marques de sympathie, de respect et d'attachement dont le peuple de
Paris ne cesse d'entourer l'Empereur, est bien fait pour
nous étonner. Je crois donc utile de rechercher les
causes d'un phénomène si remarquable.

» On pourrait croire que si les populations des
campagnes se montrent plus modérées, plus sages que
les populations des grandes villes, c'est que, plus directement en contact avec les œuvres de Dieu qu'avec
les produits de l'homme, elles peuvent puiser dans la
contemplation journalière des merveilles de la nature
des sentiments plus moraux et plus religieux. Pour
moi, Messieurs, je repousse cette explication. La conscience est indépendante du milieu où s'agite la vie hu-
maine. Les grandes cités sont aussi capables de dévouement et de générosité que les campagnes. De tout
temps elles ont donné des preuves éclatantes de patriotisme et souvent montré les plus hautes vertus. Si,
néanmoins, on les trouve généralement plus accessibles
à certaines passions, à certaines erreurs politiques,
cette disposition tient à des causes spéciales qui n'ont
rien à faire avec la religion ou la morale.

» Et d'abord, il faut tenir compte de l'influence des
agglomérations de population sur l'esprit public; car il
est certain que les grandes foules ont la propriété d'exal-
ter, parfois, les sentiments de l'homme au-delà des
bornes de la raison. Mais la nature même des choses
suffit à l'explication. En province et dans les campagnes, quoique les populations soient plus disséminées,
tout le monde se connaît et chacun est apprécié à sa

juste valeur. S'il s'agit de fixer leur choix, les masses
populaires disposent de mille moyens d'information.
Elles ont sous la main des familles honorables connues
et respectées de tous, des hommes de bien qui ont acquis leur confiance par toute une vie d'honneur et de
probité; et si la voix de la passion se fait entendre
parmi elles, on est sûr que la voix de la raison sera à
son tour écoutée. Ce qui caractérise, d'ailleurs, les
classes agricoles et celles qui, de près ou de loin, tien-
nent à l'exploitation du sol, c'est que, confondues les
unes dans les autres et liées entre elles par mille relations d'amitié, d'intérêt et de voisinage, elles résistent
plus facilement aux tentatives faites pour les diviser.

» Dans les grandes cités, au contraire, bien qu'agglo-
mérées sur un même point, les différentes couches de
population vivent inconnues les unes aux autres et
dans un isolement qui permet aisément d'exciter leur
défiance et de les mettre en opposition. Cette disposition se prête donc singulièrement aux calculs des agi-
tateurs, dont l'éternelle tactique ne consiste qu'à étayer
des doctrines politiques quelconques sur des rivalités de
classes. Au sein des masses populaires, l'individu
perdu dans la foule, sans moyen sérieux d'information,
sans relations d'amitié avec les classes supérieures, n'a,
à sa portée, que les conseils intéressés de ceux qui
aspirent à se servir de lui. Il ne peut les juger que par
ce qu'ils disent ou écrivent et non par ce qu'ils sont,
que par ce qu'ils promettent et non par ce qu'ils veu-
lent.

» En un mot, dans les provinces et les campagnes,

l'opinion publique, qu'elle soit libérale ou conservatrice, est réellement l'expression, la résultante des idées et des sentiments de la société tout entière, c'est-à-dire de toutes les classes réunies; c'est donc évidemment l'opinion la plus éclairée (*Bravos*). Dans les grands centres de population, au contraire, comme c'est toujours ce déplorable principe de l'antagonisme des classes, cette éternelle maladie des grandes cités, qui prend la place des intérêts du pays et en fausse les aspirations, il arrive souvent que la partie la plus éclairée de la population se voit dominée par celle qui l'est le moins (*Applaudissements prolongés*).

» A la seule différence des noms et des prétextes, nous voyons donc se reproduire sans cesse le spectacle de l'ancienne Rome, l'agitation stérile des quatre tribus urbaines dans la lutte incessante entre les patriciens et les plébéiens, pendant que les quinze tribus rurales, dédaigneuses de ces misérables querelles, ne prennent au sérieux que l'intérêt public (*Applaudissements*).

» On ferait un tableau curieux des contradictions, des inconséquences, des folies, que la rivalité des classes, exploitée par les partis, a produites dans l'histoire des grands centres de population. On serait surtout surpris des choix faits dans certaines circonstances par les villes les plus riches, les plus civilisées. Qu'on se rappelle l'élection, à Londres même, de ce fameux Wilkes, quatre fois repoussé par le Parlement indigné, et quatre fois renvoyé au Parlement par la même ville ! En présence de tels spectacles, le philosophe s'afflige, mais l'homme d'Etat ne s'émeut pas (*Très-bien*) : habitué à voir avec calme le jeu des passions humaines, il fait froidement le calcul des forces vives de l'Etat, et, les appliquant au levier de la puissance publique, il en neutralise aisément les forces contraires (*Bravos*).

» Quant à moi, Messieurs, je suis heureux d'avoir vu s'établir enfin dans notre pays un Gouvernement qui a sa base fondamentale là où tous les grands Gouvernements de l'Histoire ont trouvé la leur (*Assentiment*). Qu'importe que des hommes de peu de foi s'étonnent et se troublent à chaque frottement dans les rouages d'un Gouvernement? Qu'importe que des esprits sans virilité s'émeuvent à chaque renouvellement des agitations de la vie publique, comme si la lutte du bien et du mal n'était pas la condition éternelle des sociétés (*Très-bien*)? Je dis que l'Empire est inébranlable; je dis que ce n'est pas l'impuissance de l'Etat qui a permis en France la chute de tant de gouvernements, mais l'incertitude, la faiblesse du droit qui a paralysé dans leurs mains la puissance de l'Etat. Mais quand je vois un Gouvernement fondé, établi, constitué par la volonté de tout un peuple, ayant, par conséquent, la conscience du droit le plus éclatant de l'Histoire, je cherche vainement où, quand et comment il pourrait être embarrassé de manier les forces de l'Etat (*Applaudissements prolongés*).

» Ce qui distingue d'ailleurs l'Empire actuel des gouvernements qui l'ont précédé, c'est de n'être pas un parti, mais la réunion, l'assimilation des trois grands partis qui divisaient la France. Vous savez, en effet, comment, se rencontrant sur un terrain nouveau, où il n'y avait plus ni vainqueurs ni vaincus, ces trois grands partis purent honorablement se donner la main ; comment en y retrouvant chacun la principale satisfaction de ses opinions, l'un l'unité monarchique, l'autre une sage liberté, et le troisième le triomphe de la démocratie, ils firent tous au bien public le sacrifice de leurs préférences, et comment l'Empire sortit de ce grand accord. A cette vaste fusion des opinions anciennes, dans ce moule de nouvelle formation, le temps était et est encore nécessaire. Mais voulez-vous savoir où en est aujourd'hui l'œuvre de solidification ? En dehors de la masse primitive, il y avait des fractions isolées, destinées probablement à rester rebelles à l'agglomération jusqu'à ce que la génération qui les a formées ait disparu. Or, vous le savez, ces fractions ayant trouvé pour la première fois depuis l'Empire une occasion honorable de se produire, ont disputé les suffrages du pays. Elles étaient conduites au scrutin par tout un état-major tiré des anciens gouvernements, c'est-à-dire par des hommes de mérite, les uns illustres, d'autres célèbres, presque tous se recommandant à l'attention publique par l'autorité du talent ou le souvenir des services rendus, et qui tous, oublieux de leurs anciennes querelles, se réunissaient dans un but commun. Or, qu'a produit cet effort suprême, le dernier sans doute ? Il a réussi à détacher du chiffre habituel des abstentions cinq cent mille votes pour les donner à l'opposition ordinaire ; mais la masse primitive en fusion est restée inébranlable, et le chiffre total des votes acquis aux candidats du Gouvernement a même dépassé de cent

mille voix celui de tous nos grands votes populaires,
y compris le 10 décembre! Voilà la vérité que tant de
calculs erronés ont cherché à dénaturer, et voilà ce
que je tenais à dire au pays (*Applaudissements*).

» Maintenant, Messieurs, vous qui représentez les
intérêts agricoles, vous qui avez vu surgir du sein de
vos campagnes le principe fécond qui devait tirer le
pays de l'abîme où il était tombé, qui avez entendu, les
premiers, sortir de la chaumière du laboureur le cri de
ralliement que la France entière salua de ses acclamations, vous pouvez juger maintenant si le Gouvernement que vous avez fondé a tenu ses promesses.

» L'ordre établi comme il ne l'avait jamais été, la
fortune publique presque doublée, d'immenses travaux
accomplis, même pendant la guerre, et la prospérité
la plus inouïe à l'intérieur marchant côte à côte avec
la gloire au dehors : voilà l'histoire de ces douze ans
de règne (*Très-bien*).

» Et cependant, Messieurs, jusqu'ici et quelque
grandes choses que l'Empire ait faites à l'intérieur, il est
certain que sa principale préoccupation a été de rétablir
au dehors l'indépendance de la France, de lui rendre sa
liberté d'action dans le monde et de la délivrer de ces
menaces de coalition qui, depuis 1815, ne cessaient de
peser sur elle. L'histoire dira par quel prodige d'habi-
leté, de courage et de modération ces grands objets ont
été atteints. Mais aujourd'hui que cette partie de la
mission de l'Empire est achevée et son rôle militant
en Europe terminé, aujourd'hui que, rentrée glorieusement dans le concert des nations, la France n'a plus

d'autres intérêts que les intérêts communs à l'Europe elle-même, c'est évidemment une ère nouvelle de paix qui commence pour elle. Or, que fera l'Empire de cette paix? Croyez-vous qu'il puisse prendre pour exemple ces Gouvernements d'expédients pour qui vivre est tout et qui, dans la crainte de déranger les conditions de leur existence, condamnent le pays à l'immobilité? Non; un Gouvernement qui s'appelle Napoléon, n'est pas fait pour cette vie précaire. Les conditions de son existence, à lui, c'est la grandeur, la prospérité, la gloire de la France (*Bravos*)! Or, quelle gloire plus grande que celle d'étendre les bienfaits de la civilisation à des millions de Français qui n'en jouissent pas encore, de poursuivre sans relâche l'œuvre si généreusement entreprise de l'amélioration morale et matérielle des masses populaires; d'assainir les contrées insalubres, d'irriguer les plaines, de boiser nos montagnes et, par-dessus tout, non-seulement de terminer nos réseaux de chemins de fer, mais d'achever nos voies de communication et nos chemins vicinaux (*Applaudissements*)?

» Messieurs, vous le savez, les voies de communication sont au pays ce que les artères sont au corps humain. S'il y a des parties du corps qui, par obstruction des vaisseaux, ne soient plus en relation avec le centre, et réciproquement, il y a paralysie ou cessation de vie. Eh bien, des millions d'habitants, par le défaut ou le mauvais état des routes, ne sont encore qu'en communication imparfaite avec les centres de civilisation, avec les lieux de production ou de consommation. La valeur des produits, écrasée par les frais de transports, ne peut rémunérer le travail. Les lieux privés de voies de communication sont condamnés à la misère et une foule de richesses sont perdues pour le pays.

» Tel est le lien qui existe entre la prospérité d'un peuple et ses voies de communication, que faire l'histoire des routes, c'est faire l'histoire de la civilisation. Quand les routes romaines, qui avaient introduit la civilisation dans les Gaules, furent détruites, la société tomba dans le fractionnement féodal, et bientôt il n'y eut plus en Europe d'autres moyens de transport que le bât des bêtes de somme. Mais quand les guerres d'Italie nous amenèrent à créer une route pour conduire nos armées dans la péninsule, alors commença la renaissance des arts et des industries, et, avec les routes, de nouvelles destinées nous furent ouvertes. Aujourd'hui la vapeur et les chemins de fer ont enfanté bien d'autres merveilles ; mais pour que nous profitions de tous les bienfaits de cette glorieuse invention, pour que nous ne nous laissions pas devancer par l'Europe, il faut que, le plus tôt possible, il n'y ait pas, en France, un coin de terre qui ne soit en communication facile et prompte avec ces grands courants de richesse et de prospérité. En un mot, la France civilisée est encore incomplète ; il faut l'achever, il faut la finir (*Approbations*).

» Mais, dira-t-on, comment faire tant de grands travaux, comment finir la France, comme vous dites, avec les ressources actuelles de l'Etat et surtout avec l'équilibre si désiré de notre budget ? Messieurs, rien de plus facile pour les hommes de bonne volonté, et vous allez en juger :

» L'Empire, qui a apporté avec lui tout un ordre d'idées nouvelles, a aussi une économie politique à lui. Son principe est bien simple. Partant d'une pensée féconde qui n'est que l'application de son origine populaire, il s'est dit que si la nation est prospère, le Gouvernement le sera toujours assez ; que si le pays est riche, le trésor public le sera également, et que, par conséquent, le meilleur système de finances consiste à développer la richesse du pays. Il s'est donc mis à l'œuvre et vous allez voir à quels grands résultats il est arrivé, non, il est vrai, sans résistance, non sans combats et sans être forcé souvent de céder à la routine, car c'est le sort des idées les plus vraies et les plus justes de ne pénétrer que difficilement dans l'esprit des hommes. L'application de son système a commencé à Paris. Permettez-moi de le rappeler ici, car j'avais l'honneur d'être Ministre de l'Intérieur lorsque l'Empereur dit lui-même à l'Administration de la ville de Paris : « Vous avez chaque année quatre millions
» d'excédants de recettes, très clairs, très nets, et qui
» tendent à augmenter sans cesse. Eh bien, au lieu de
» faire, avec cet excédant, quatre millions de tra-
» vaux, ce qui serait insignifiant, consacrez ces quatre
» millions à payer l'intérêt et l'amortissement du ca-
» pital correspondant, et employez immédiatement ce
» capital considérable à vos travaux : l'impulsion donnée
» à l'activité parisienne augmentera rapidement la
» richesse publique, et la richesse publique se traduira,

» à son tour , par une augmentation et du revenu de
» l'Etat et du revenu de la ville. » Or , vous savez,
Messieurs , dans quelles proportions inouïes se sont
réalisées les prévisions de l'Empereur et ce que son
système a fait de Paris. Le revenu de la ville , qui était
au début de l'opération de cinquante-cinq millions,
s'élève aujourd'hui à cent trente millions , dont il faut
déduire vingt millions représentant l'annexion de la
banlieue; c'est donc cent dix millions pour le revenu
actuel de Paris proprement dit , c'est-à-dire qu'il a
doublé en douze ans , et cela sans aucune augmentation
de taxes (*Applaudissements*). La même chose a été faite
à Lyon et dans plusieurs autres villes, et partout avec
des résultats correspondants.

» L'Empire ne s'est pas , du reste , borné à donner
des conseils aux grandes villes. Vous savez comment il a
appliqué son principe à l'Etat lui-même. Pour faire
nos chemins de fer ou pour accomplir d'autres grands
travaux productifs , il n'a pas craint d'emprunter un
milliard , c'est-à-dire de charger le budget de l'Etat
d'une augmentation annuelle de cinquante millions.
Mais quel en a été le résultat ? La richesse du pays,
développée par ce grand effort , a été telle que le revenu
public qui est l'expression de cette richesse s'est accru
de quatre cent millions de recettes , c'est-à-dire que
le sacrifice fait par l'Etat lui a rendu huit fois l'intérêt
de son capital (*Très bien*). Le Gouvernement fait donc
lui-même de bonnes affaires , en faisant celles du pays.
Mais que dire du langage des partis , qui rappelant incessamment la dépense faite , affectent d'oublier les
immenses résultats obtenus (*Applaudissements*) ?

» Aujourd'hui, Messieurs, pour avoir une paix féconde et glorieuse, pour faire la grande chose dont nous
avons parlé, nous sommes dans une situation infiniment
supérieure à celle des débuts de l'Empire. En dépit
des erreurs qu'on accumule sur ce sujet, nos finances
sont incontestablement les meilleures et les plus solides
de l'Europe, car nous avons, en réalité, plus de cinquante millions d'excédant de recettes sur nos dépenses. Or, peut-on douter qu'en donnant une immense
impulsion au travail et à la richesse du pays, qu'en
faisant pénétrer la vie, le mouvement et la prospérité
jusque dans les profondeurs de la nation, un second
effort, entrepris à l'heure favorable, ne reproduise les
effets du premier (*Assentiments*)?

» Pour moi, Messieurs, voilà comment je comprends
l'Empire ; voilà ce que j'espère de son principe ; voilà
surtout ce que je crois mille fois plus profitable au pays,
mille fois plus libéral que toutes les théories rétrospec-
tives que nous vante la voix des partis, mais que la
raison du pays a condamnées (*Bravos répétés*).

» Et maintenant, Messieurs, laissez-moi vous dire
combien je suis profondément touché de la manière
dont vous avez accueilli mes paroles, combien je suis
heureux d'assister avec vous à cette fête agricole, et
avec quelle sympathie je vais m'unir à la constatation
de vos travaux. » (*Longs applaudissements.*)

Quand l'émotion excitée par cet éloquent discours est
enfin calmée, M. Tiersonnier, rapporteur de la Commis-

sion chargée de visiter les domaines ayant concouru à la prime d'honneur du département de la Loire, donne lecture d'un travail critique très-remarquable sur l'examen auquel s'est livrée la Commission, dans ses pérégrinations au milieu de nos contrées. Il fait ressortir les difficultés vaincues, et les importants résultats obtenus par les grands propriétaires des fermes parcourues : MM. Tillard de Tigny, près de Charlieu ; Badoil, à Lachanal ; le baron de Saint-Genest, à Saint-Genest-Malifaux ; Duchevalard ; docteur Poyet ; Alamartine ; marquis de Poncins ; enfin Balay (Francisque), lauréat de la prime d'honneur.

M. Jourdan, le secrétaire du jury d'examen des bêtes à cornes, rend compte des travaux de la Commission, dans un rapport d'une élégante précision.

M. le comte de Vougy donne, à son tour, lecture d'une courte analyse du travail de la Commission internationale chargée d'apprécier les machines ayant concouru pour le prix du labourage à vapeur.

La séance se termine enfin par la proclamation des prix.

M. le duc de Persigny remet lui-même aux lauréats les médailles d'or, notamment celle que Sa Majesté l'Impératrice, toujours prompte à répondre aux appels faits à sa bienveillance et à sa générosité, a daigné envoyer aux organisateurs de l'Exposition horticole. Cette médaille, d'un grand module, et d'une exécution parfaite, reproduit d'un côté les traits de l'Auguste Donatrice, et porte, de l'autre, cette inscription : *Exposition horticole de Roanne; Concours régional de 1864.*

M. le duc de Persigny la remet à l'heureux lauréat,
M. Auboyer, pépiniériste à Roanne, avec des paroles
pleines du plus gracieux à-propos.

A quatre heures, M. le duc de Persigny et son cortége rentrent à la Sous-Préfecture, au milieu des cris
de : *Vive l'Empereur ! Vive M. le duc de Persigny !*
La ville est plus pavoisée que jamais, et l'on procède
de tous côtés à des préparatifs d'illuminations. Roanne
va être éclairée *à giorno*, ce soir.

A six heures , M. le duc de Persigny , toujours
accompagné d'un nombreux cortége d'honneur , quitte
l'hôtel de la Sous-Préfecture pour se rendre à la salle
du banquet. Il traverse la rue Impériale au milieu d'une
foule compacte, où éclatent de toute part les cris de :
Vive l'Empereur ! Vive M. le duc de Persigny ! et trouve,
à l'entrée de la petite rue des Minimes, un arc de triomphe en feuillage élégamment décoré, dont la légende :
L'Industrie roannaise à M. le duc de Persigny est une
allusion délicate à la création récente de la Chambre
de Commerce.

Il arrive à l'église des Minimes, où il est reçu par
M. Boullier, maire de Roanne, et par ses adjoints.
Cette église, qui n'est pas entièrement terminée, n'a
pas encore été consacrée. C'est un beau monument,
dans le style gothique ; l'architecture en est élégante
et sévère, et bien des villes plus considérables que
Roanne seraient heureuses de le posséder.

C'est là qu'a lieu le banquet. Une grande table en forme de fer à cheval très allongé avait été disposée. Le fond de l'église était masqué par une draperie rouge; au milieu de cette draperie, on avait placé le buste de l'Empereur sur un socle entouré de tous côtés de drapeaux. Les piliers, ornés de faisceaux aux couleurs nationales, portaient des écussons aux armes des chefs-lieux et des principales villes des départements de la région.

M. le duc de Persigny, qui préside la fête, a à sa droite M. le Préfet de la Loire; à sa gauche, M. le Maire de Roanne. On remarque aussi à la table d'honneur, M. le Sénateur administrateur du département du Rhône; M. le Procureur général près la Cour impériale de Lyon; MM. les Préfets de Saône-et-Loire, de l'Allier, de l'Ain, de Seine-et-Marne, de la Nièvre; M. Francisque Balay, député, lauréat de la prime d'honneur; M. d'Espagny; M. le Sous-Préfet de Roanne; M. le Secrétaire général de la Préfecture; M. le Sous-Préfet de Montbrison, et plusieurs autres Sous-Préfets de la région; MM. les Maires de Saint-Etienne et de Montbrison; M. Heuzé, inspecteur général de l'agriculture; M. le baron Thénard, membre de l'Institut; M. Baral, membre de la Société centrale et impériale d'agriculture de France; M. le comte de Vougy. Viennent ensuite les membres du Conseil Municipal de Roanne, les chefs des principales administrations publiques, les conseillers de préfecture, divers membres de la magistrature des trois tribunaux du département, les jurés du Concours régional et du

Concours international , les lauréats et un nombre considérable d'exposants ; somme toute , le banquet comptait 250 couverts.

Au dessert , plusieurs toasts ont été portés.

M. Boullier , maire de Roanne, s'est ainsi exprimé :

« Messieurs,

» A l'Empereur , qui a assis la souveraineté sur la large base du suffrage populaire, qui personnifie à la fois la stabilité nécessaire de la monarchie et le développement des principes nouveaux , qui, en rétablissant l'ordre , a assuré la première condition du progrès toujours compromis par les révolutions ; qui , en imprimant une énergique impulsion à la création des institutions du crédit et à la construction des chemins de fer , et en rendant aussi l'argent plus accessible et plus mobile , les débouchés plus nombreux , les communications et les transports plus rapides , a permis à tous les éléments de la richesse publique de prendre un plus prompt essor et une plus complète expansion ;

» Au Prince qui s'occupe sans relâche d'améliorer le sort du peuple, et qui , en facilitant par une prévoyante association l'économie aux ouvriers , mettra désormais leur vieillesse à l'abri du besoin ;

» Au Souverain qui, après nous avoir donné la gloire des armes si brillamment représentée à la tête de notre division militaire, nous promet la paix si nécessaire à tous nos intérêts, si étroitement liée au maintien de notre prospérité industrielle et agricole, la paix dont les bienfaits ne peuvent que fortifier par la reconnaissance la stabilité de l'Empire et le dévouement de la France à la Dynastie ;

» A l'Impératrice, qui nous montre sur le trône, à côté de la puissance, toutes les vertus qui la tempèrent et toutes les grâces qui la rehaussent ;

» Au Prince Impérial, qui apprend dès aujourd'hui, pour son bonheur et pour le nôtre, l'art de gouverner en sachant se faire aimer ;

» A l'Empereur !
» A l'Impératrice !
» Au Prince Impérial ! »

Cette triple acclamation a été énergiquement répétée par l'assistance entière.

M. Léon Sencier, préfet de la Loire, s'est levé, et a porté le toast suivant :

« Messieurs,

» Au nom de l'Empereur ;
» Au nom des départements de la région si dignement représentés dans cette enceinte ;

» Au nom de l'industrie, dont cette magnifique province est, depuis Roanne jusqu'à Rive-de-Gier, la mâle et puissante personnification ;

» Au nom des intrépides travailleurs du Forez, qui se rappellent avec une orgueilleuse émotion que la Loire fut une des contrées auxquelles un auguste Martyr adressa, du haut de son rocher de Sainte-Hélène, un touchant et suprême souvenir ;

» Au nom de l'arrondissement de Roanne, enfin, de l'arrondissement de Roanne, berceau d'une de ces pures et chevaleresques illustrations dont la noble figure apparaîtra dans l'histoire comme le symbole de l'honneur, du dévouement et de la fidélité ;

» Je porte un toast aux agriculteurs !

» A ces ouvriers de toutes les heures, qui font la force de l'agriculture française et l'éclat de nos concours régionaux !

» A ces citoyens sages, reconnaissants, dévoués et toujours inaccessibles aux illusions et aux tentatives des partis !

» Inclinons-nous, Messieurs, inclinons-nous avec respect devant ces hommes intelligents et modestes ! Admirons leur courageuse persévérance ! Honorons-les surtout comme les représentants de ces loyales et énergiques populations rurales dont le patriotisme sait emprunter toutes les formes et qui, vaillantes au travail, vaillantes dans les combats, se sont, à toutes les époques, si glorieusement associées aux grandeurs et à la prospérité de la France !

» Aux agriculteurs ! »

De longs applaudissements ont couvert la voix de
M. le Préfet : à peine étaient-ils apaisés, que M. Boullier a pris de nouveau la parole en ces termes :

« A M. le duc de Persigny , auquel, après l'Empereur , notre agriculture doit la subvention accordée aux
chemins vicinaux , notre département la grande entreprise du dessèchement de la plaine du Forez , notre
ville la création d'une chambre de commerce , le
raccordement de son chemin de fer à son canal et l'in-
signe faveur d'ajouter à ses armes la Croix de l'Ordre
impérial de la Légion-d'Honneur ; nos ouvriers , de
larges encouragements à leur caisse de retraite et à
toutes les sociétés de secours mutuels , et, dans leur
récente détresse , de généreuses et délicates offrandes ;
» Au fondateur de la Diana ! au Roannais aussi zélé
pour l'avenir que pour le passé de nos belles contrées,
s'intéressant avec une sollicitude égale à tout ce qui
peut en faire revivre la gloire ou en accroître la prospérité , aussi ingénieux qu'infatigable dans son désir
d'être utile à ses compatriotes, et toujours prêt, suivant
sa noble devise, à servir son pays comme son prince !
» A M. le duc de Persigny ! »

Ce toast, qui traduisait admirablement le sentiment
de tous et qui louait M. le duc de Persigny par ses
œuvres et ses bienfaits, a été salué par d'unanimes
acclamations. Le cri de : *Vive M. le duc de Persigny !*
répété plusieurs fois par tous les assistants, a longtemps
fait retentir les échos sonores de l'enceinte.

M. le duc de Persigny s'est alors levé et a adressé à
l'assemblée l'allocution suivante :

« Messieurs,

» Je remercie Monsieur le Maire des paroles qu'il
vient de m'adresser, et je suis vivement touché de la
manière dont vous m'avez accueilli. Je demande, tou-
tefois, la permission de ne pas répondre à des compli-
ments. Permettez-moi aussi d'oublier un moment l'objet
agricole de cette fête pour me rappeler seulement que
je suis ici l'hôte de la ville de Roanne, que je me
retrouve dans mon pays natal et au milieu des anciens
compagnons de mon enfance (*Très-bien*).

» Messieurs, en passant hier sous les arcs de triomphe pour entrer dans cette ville qui m'est si chère, je
n'avais pas besoin, soyez-en sûrs, comme les anciens
Romains, qu'un esclave placé derrière moi me rappelât
à la modestie (*Bravos*). Ne croyez pas, en effet, que j'aie
pris pour moi-même des honneurs que je n'aurais pas
acceptés à ce titre et qui ne pouvaient raisonnablement
s'adresser qu'au grand Prince dont je suis l'humble et
fidèle serviteur (*Applaudissements prolongés*).

» Quant aux témoignages de sympathie qui se sont
adressés au compatriote, si on peut les mériter par
l'amour porté à son pays, je ne crains pas de dire que
j'en suis digne. De tout temps, dès ma plus tendre enfance, le nom de Roanne a été doux à mes oreilles et
cher à mon cœur (*Vive approbation*).

» Je n'ai pas besoin de rappeler l'acte héroïque que l'Empereur vient de reconnaître et récompenser en décorant le blason de la ville de Roanne d'une croix d'honneur. Le souvenir de ces volontaires roannais qui arrêtèrent la marche de l'armée autrichienne en barricadant le faubourg du Coteau et faisant sauter le pont de la Loire a toujours été présent à mon esprit.

» Je me rappelle que tout enfant, au collége, quand on me demandait le nom de mon pays natal, je me redressais fièrement et je disais avec orgueil : J'appartiens à cette ville de Roanne qui résista la dernière à l'invasion étrangère (*Applaudissements*). Et peut-être ce souvenir a-t-il été le point de départ de ma destinée.

» Permettez-moi donc, aujourd'hui, de proposer un toast qui sort tout entier de mon cœur : Au bonheur, à la fortune et à la prospérité de la ville de Roanne ! »

L'effet produit par ce toast a été immense. La voix de M. le duc de Persigny trahissait une profonde émotion. On sentait que les souvenirs de son enfance revenaient à sa mémoire nombreux et pressants ; et, involontairement, on faisait par la pensée un retour sur les diverses phases de cette noble et pure existence, consacrée tout entière au devoir et à la fidélité.

On a beaucoup applaudi, on a fait entendre beaucoup de vivat et de bravos ; mais, en réalité, on était surtout touché et attendri.

Après le banquet, M. le duc de Persigny s'est rendu sur les quais de la Loire. Un brillant feu d'artifice a été tiré sur la jetée de la ligne de raccordement du chemin de fer du Bourbonnais avec le canal de Roanne à Digoin. La pièce principale, qui a parfaitement réussi malgré le vent, représentait les armes de M. le duc de Persigny (1).

Pendant ce temps, la ville s'était illuminée. La plupart des maisons scintillaient de feux. La rue Impériale offrait, entre toutes, le plus charmant coup d'œil : ornée sur toute sa longueur de mâts vénitiens surmontés d'oriflammes, elle présentait de chaque côté un éblouissant cordon de girandoles et de lanternes vénitiennes s'étendant à perte de vue.

Des quais de la Loire, M. le duc de Persigny est revenu à la Sous-Préfecture. On peut dire que la population roannaise tout entière lui a fait escorte et a témoigné, à l'égard de son Hôte illustre, autant d'empressement que de respect.

Le soir, a eu lieu le bal offert par la Municipalité à M. le duc de Persigny, dans la grande salle de l'Orangerie de la Sous-Préfecture, qui est pleine de souvenirs chers aux Roannais. C'est là en effet que fut donné, en septembre 1852, le bal où le Prince-Président reçut les hommages de l'élite de nos populations L'ornementation de cette salle, confiée à M. Godillot, de Paris,

(1) Les armes ducales de M. le duc de Persigny sont :
Ecartelé au 1 et 4 d'azur, semé d'aigles d'or empiétant un foudre de même ; au 2 et 3 d'argent à la bande d'azur chargée de trois coquilles d'argent de Saint-Michel. La couronne est supportée par deux lions morionnés. La devise est : *Je sers.*

était parfaite. Décorée de riches tentures, elle était
étincelante de lumière et de fleurs. Elle s'ouvrait sur
les jardins de la Sous-Préfecture, embellis tout récemment par un paysagiste plein de goût. La pelouse, les
bosquets, les pièces d'eau étaient éclairés par des lanternes vénitiennes et des illuminations du plus ravissant
effet.

Vers dix heures, M. le duc de Persigny, donnant le
bras à Mme Tézenas, a fait son entrée dans la salle de
bal. Un quadrille d'honneur a été immédiatement formé,
auquel ont pris part :

M. le duc de Persigny et Mme Sencier ;

M. le Sénateur Vaïsse et Mme Tézenas ;

M. le Préfet de la Loire et Mme d'Espagny ;

M. le Sous-Préfet de Roanne et Mme Poyet ;

M. Gaulot, procureur général, et Mme de Rochefort ;

M. Balay, député, et Mlle Sencier ;

M. le Maire de Roanne et Mlle Tézenas ;

M. de Rochefort et Mlle Verchère.

Après ce quadrille, M. le duc de Persigny a longtemps circulé dans la salle. Il s'est fait présenter par
M. le Sous-Préfet plusieurs dames et notables habitants de Roanne. Pour tous, il a trouvé un mot de
gracieux accueil et a laissé les assistants vivement
impressionnés de l'exquise aménité de ses manières.

Avant de quitter définitivement le bal, il a fait de
nouveau le tour de la salle avec son fils, M. Jean de
Persigny, dont tout le monde a remarqué la charmante
figure et la rare distinction.

Lundi, vers onze heures du matin, Son Excellence M. le duc de Persigny a quitté la Sous-Préfecture pour se rendre à Saint-Germain-Lespinasse, sa commune natale. En partant, il a encore eu pour la Municipalité roannaise, pour ses concitoyens, pour ses hôtes, des paroles pleines d'effusion et d'affectueuse bienveillance.

Il a voulu que les pauvres se souvinssent aussi de son passage, et a remis à M. le Sous-Préfet une somme de cinq cents francs pour leur être distribuée.

Ainsi se sont écoulées ces deux journées trop rapides et dont nous ne pouvons donner qu'une esquisse bien insuffisante et bien pâle. Elles sont de celles qui marquent à jamais dans les annales d'une cité. La population roannaise et les nombreux étrangers qui s'étaient donné rendez-vous dans notre ville pour saluer, avec elle, en M. le duc de Persigny, une des plus pures et des plus grandes illustrations politiques du second Empire et le glorieux enfant de notre antique province du Forez, conserveront de son passage au milieu de nous un impérissable souvenir.

A peine de retour à Paris, M. le duc de Persigny a donné à la ville de Roanne une nouvelle preuve de sa constante sollicitude pour tout ce qui nous intéresse. Il a bien voulu appeler l'attention de l'Empereur sur le zèle et les progrès si remarquables de notre Société Chorale et de Fanfare, et Sa Majesté, dont l'auguste et féconde bienveillance est acquise à toutes les œuvres utiles, a daigné, sur sa demande, accorder à cette Société une médaille d'or.

Cette haute faveur, arrivée si à propos au lendemain du brillant succès que nos jeunes musiciens viennent de remporter à Lyon, dans le grand concours des Orphéons, où ils ont obtenu deux prix, a été accueillie par eux et par la population tout entière, fière à juste titre de leur triomphe, avec les plus vifs témoignages de reconnaissance.

Voici la lettre par laquelle Son Excellence le Maréchal Vaillant, ministre de la maison de l'Empereur, a fait part de la décision impériale à notre illustre compatriote :

« Monsieur le Duc et cher Collègue,

» Dans une lettre que vous m'avez fait l'honneur de
» m'écrire, le 20 de ce mois, vous avez bien voulu
» appeler mon attention sur la Société Chorale et de
» Fanfare de la ville de Roanne (Loire).

» Je suis heureux d'avoir à vous annoncer que Sa
» Majesté l'Empereur, voulant encourager les efforts
» de cette Société, a daigné m'autoriser à lui décerner
» une Médaille d'or, comme témoignage de son auguste
» intérêt.

» Je donne des instructions pour que cette médaille
» parvienne le plus tôt possible à sa destination.

» Agréez, Monsieur et cher Collègue, l'assurance de
» ma haute considération.

» *Le Maréchal de France, Ministre de la maison de*
» *l'Empereur et des Beaux-Arts,*

» **VAILLANT.** »

APPRÉCIATION

DES

PRINCIPAUX JOURNAUX

DE PARIS ET DES DÉPARTEMENTS

SUR LE DISCOURS PRONONCÉ

PAR SON EXCELLENCE M. LE DUC DE PERSIGNY

A la Distribution des Prix du Concours régional de Roanne

LE 8 MAI 1864

La discussion générale du budget a repris dans la séance d'hier. Il sera temps pour nous d'apprécier l'important discours de M. Vuitry après que la Chambre aura entendu la réplique de M. Thiers et le discours annoncé de M. Berryer. Ce qui aujourd'hui ne sollicite pas moins que la séance de la Chambre l'attention de nos lecteurs, c'est la harangue politique que M. de Persigny, imitant en cela une des pratiques les plus louables des ministres anglais, vient de prononcer au Comice agricole de Roanne. M. de Persigny n'est pas un de ces ministres à bouche banale qui parlent pour ne rien dire ; tout ce qui vient de lui a cette originalité et cette saveur qui font que, derrière l'orateur, on sent un homme. C'est pourquoi le bruit des plus grandes voix que nous entendons en ce moment même ne couvre point la sienne ; et quoi qu'on puisse penser de ses théories ou de son rôle politique, on l'écoute avec un intérêt mêlé de passion, au lende·main d'un discours de M. Thiers et à la veille d'un dis·cours de M. Berryer.

J.-J. WEISS.

LA PRESSE.

A une époque assurément où rien ne pouvait faire soupçonner que la République ramènerait en 1852 l'Empire par le même chemin qu'elle lui avait frayé en 1799, M. de Persigny, qui est né avec la vocation de prophète et d'apôtre, a été le prophète de la nouvelle ère impériale.

« Ne voyez-vous pas que l'Empire est proche, qu'il est imminent et inévitable ! » venait-il souvent crier, en 1847, à nos oreilles incrédules. Il voyait alors ce que ne voyaient pas nos yeux ; car ce qui nous paraissait invraisemblable s'est accompli. l'Empire deux fois défait en 1814 et 1815 s'est refait en 1852.

Si troublé que soit présentement l'état de l'Europe, doit-on ajouter moins de foi aux paroles de M. de Persigny, annonçant en 1864 l'ère de la paix dans le discours qu'il vient de prononcer à Roanne et auquel le *Moniteur* fait ce matin les honneurs de sa première page, qu'aux paroles de M. de Persigny annonçant, en 1847, l'ère du second Empire ?

Pour notre compte, nous n'hésiterons pas à déclarer que le rétablissement de l'Empire nous semblait, en 1847, infiniment moins probable que le rétablissement de la paix ne nous semble difficile en 1864.

En effet, pour que la paix dissipe tous les nuages qui l'ont obscurcie et l'emporte définitivement sur les causes de guerre, il suffit que l'Empire veuille manifestement et fermement la paix, mais si fermement et si manifestement que nul n'en puisse plus douter. Alors la paix se fondera inébranlablement d'elle-même par la pesanteur des intérêts qu'elle a créés et développés pendant ces cinquante années où elle a été plusieurs fois troublée à la surface, mais où elle n'a jamais été atteinte au fond.

Le discours de Roanne n'est pas seulement la prédiction de la paix, il en est aussi le programme.

Quoique ce programme ne promette pas la liberté, quoiqu'il n'en prononce pas même le nom, nous prenons M. le duc de Persigny au mot.

Que la prédiction du prophète de la paix s'accomplisse, et ce qui manque à son manifeste nous viendra par surcroît ! Hormis la guerre et la révolution qui mènent à la dictature, tous les chemins mènent à la liberté, même les chemins vicinaux.

Nous pourrions contester ce que dit M. le duc de Persigny de « *la coalition de quelques journaux* », faisant allusion aux élections de mai 1863, sans tenir compte des élections de 1864, qui se sont faites dans un sens plus prononcé, quoique la coalition incriminée se fût dissoute ; mais nous ne voulons rien contester de ce que M. de Persigny avance, rien demander de plus que ce qu'il

annonce prophétiquement, à savoir, une « PAIX FÉCONDE
ET GLORIEUSE. »

Que se fassent « *les grandes choses* » dont il parle,
et celles dont il ne parle pas se feront d'elles-mêmes !

Emile DE GIRARDIN.

LE CONSTITUTIONNEL.

La ville de Roanne, on le sait, vient d'être autorisée,
par une décision impériale, à mettre la croix de la Légion-d'Honneur dans ses armes. Cette glorieuse décora·
tion, elle l'a méritée par sa belle défense contre les Autrichiens, dans la journée du 27 mars 1814. La génération
qui déploya ce jour·là des efforts héroïques contre l'invasion étrangère, n'est plus représentée que par deux
braves ; mais elle a transmis à la génération actuelle le
souffle ardent de son patriotisme et son profond dévoûment à la Dynastie impériale.

Une voix éloquente proclamait, l'an dernier, dans ce
beau pays du Forez, la solidarité qui unit les descendants
aux ancêtres. Cette théorie fut remarquée alors et bien
vivement applaudie en France, parce qu'elle renferme
une vérité moralisatrice. Il semble que, samedi dernier,
la population de Roanne ait tenu à lui donner raison
d'une manière éclatante par l'enthousiasme avec lequel

elle a accueilli un homme d'Etat qu'elle considère, à juste titre, comme la plus haute et la plus naturelle expression des sentiments dont les Roannais d'aujourd'hui sont animés, ainsi que le furent leurs pères en 1814. M. le duc de Persigny a, dans son passé, des souvenirs qui font de lui le lien vivant entre ceux qui moururent pour l'Empereur Napoléon Ier et ceux qui acclament en lui l'un des plus fidèles serviteurs de Napoléon III.

La visite dont il a honoré la ville de Roanne, à l'occasion du Concours régional, a été une série d'ovations enthousiastes.

Toute la population se pressait, dès le matin, aux abords de la gare, où M. le duc de Persigny a été reçu vers midi et demi, à son arrivée, par les autorités de la ville et de l'arrondissement. Après les présentations faites par M. Sencier, préfet de la Loire, M. Tézenas, sous-préfet, et M. Boullier, maire de la ville, c'est avec la plus grande difficulté que le cortége officiel a pu traverser à pied les flots amoncelés du peuple en fête, pour se rendre à l'hôtel de la Sous-Préfecture, où l'accueil le plus gracieux attendait le membre du conseil privé que, dans leur reconnaissance, les habitants de Roanne saluaient, et de leurs cris et de leurs inscriptions, comme le bienfaiteur de la cité.

Les membres du jury et les notabilités agricoles de la région ont tous eu quelque parole charmante de M. le duc de Persigny, dont la première préoccupation a été de se rendre au champ d'exposition.

L'impression produite sur M. le duc de Persigny par les efforts heureux dont l'industrie agricole du Forez venait de lui donner le spectacle, a réagi vivement sur les discours que Son Excellence a prononcés bientôt après pendant la séance de la société de la *Diana*, qu'il a présidée vers trois heures.

En réponse à un rapport de M. Majoux, maire de Montbrison, vice-président de la Société, sur l'état actuel de la *Diana*, et à un autre rapport de M. de Chantelauze sur la composition d'une bibliothèque, M. le duc de Persigny a fait entendre ce langage élevé, plein d'une originalité féconde dont il a le secret, et auquel on ne peut reprocher qu'une trop grande modestie. L'auteur d'une belle étude sur les pyramides d'Egypte, leur origine et leur but, n'a peut-être pas le droit de dire : « Je ne suis ni géographe, ni historien, ni archéologue. »

C'est à la distribution des récompenses aux exposants du Concours régional que M. le duc de Persigny a prononcé le discours, si profond de pensée et si éclatant de forme, dont nous avons parlé hier et que nous publierons *in extenso*.

C. Piel.

LE PAYS.

M. le duc de Persigny, membre du conseil privé, a eu l'occasion de prendre la parole à Roanne, à la suite d'un concours agricole. Il l'a fait avec cette fermeté de style et cette élévation de pensée qui lui sont habituelles. Il s'est principalement étendu sur les sentiments des popu-

lations rurales qu'il trouve en complète communion d'intérêts et d'idées avec l'Empire dont il a su indiquer la
mission providentielle avec autant de vérité que d'éclat.

A. DE CESENA.

LE TEMPS.

Nous devons nous borner à signaler à l'attention de
nos lecteurs le discours que M. le duc de Persigny vient
de prononcer, à l'occasion d'une solennité agricole à
Roanne, et qui a reçu ce matin les honneurs de la première page du *Moniteur*. Ce discours nous paraît avoir
une grande portée.

M. le duc de Persigny a déclaré close la première
période de l'Empire, qu'il a appelée la « période mili-
tante, » et signalé la deuxième période comme une ère
de paix et de progrès matériels. Il a aussi parlé des der-
nières élections générales; il a opposé les résultats de
Paris et des grandes villes en général à ceux des campagnes. La liberté ne figure pas dans ce discours, et,
à ce point de vue, nous devons lui préférer la réponse
que M. Vuitry, vice-président du conseil d'Etat, a faite
à M. Thiers, dans la discussion générale du budget, et où
la liberté s'est trouvée au moins mentionnée dans la
péroraison. Il nous est agréable de louer en même temps
la modération dont M. Vuitry a fait preuve, et par la-

quelle son discours se distingue avantageusement de celui
de M. Calley-Saint-Paul.

A. NEFFTZER.

MÉMORIAL DE LA LOIRE.

Les discours de M. le duc de Persigny ont toujours un
grand retentissement. La France les accueille avec sympathie. La presse les considère comme de véritables évènements politiques. L'Europe les consulte avec une mi-
nutieuse attention.

Le succès qu'ils obtiennent est dû à des causes diverses. On ne saurait nier que la position de celui qui les
prononce, position exceptionnelle dans l'Empire, n'entre, pour une certaine mesure, dans l'intérêt général
qu'ils excitent. Parvenu, par le droit des services rendus
et d'un dévoûment qui restera proverbial dans l'histoire,
au faîte des grandeurs politiques, honoré de la confiance et
de l'intimité du Souverain, M. le duc de Persigny ne peut
se faire entendre dans une solennité publique sans qu'on
ne croie voir et saisir dans ses paroles l'inspiration ou,
pour mieux dire, le reflet d'une auguste pensée. C'est
l'inévitable conséquence de sa situation personnelle que
l'opinion publique se laisse facilement entraîner à donner à tout ce qu'il dit le caractère et la portée d'une ré-
vélation.

Mais il ne viendra à l'esprit de personne d'attribuer
à cette seule cause le sentiment d'attente curieuse qui
précède les discours de M. le duc de Persigny et la profonde impression qui ne manque jamais de les suivre.
Il importe surtout de tenir compte de leur valeur intrinsè-
que, valeur qui depuis longtemps s'est hautement attestée
et qui est universellement reconnue.

M. le duc de Persigny, qui a donné des preuves si
nombreuses de son aptitude aux affaires pratiques, est
également un penseur. Versé dans les études historiques,
il a su en retirer une instruction bien précieuse pour
un homme appelé à faire sentir son action sur les destinées politiques de son pays. Il connaît les lois qui de
tout temps ont présidé au développement des sociétés.
Il sait comment les gouvernements se légitiment et se
fondent. Il sait comment ils se consolident, comment
aussi ils se discréditent et se perdent. Observateur judicieux et pénétrant, il excelle à faire à la France de nos
jours l'application de l'expérience qu'il a ainsi acquise,
à établir entre le passé et le présent, entre notre pays
et les autres Etats, des comparaisons lumineuses d'où
ressortent de saisissantes leçons et d'intéressants en-
seignements.

Il vous explique ce qui se passe à Paris en vous ra-
contant ce qui jadis s'est passé à Rome, ou ce qui, à
des époques moins lointaines, s'est accompli en Angleterre.

Ce caractère particulier du genre oratoire de M. de
Persigny a pu être souvent remarqué. Peut-être ne s'était-
il pas encore révélé avec plus d'éclat que dans le discours que nous avons entendu avant-hier à Roanne.

Où en est aujourd'hui l'Empire ? Sa popularité s'est-elle amoindrie ou bien s'est-elle conservée, aussi vive et aussi intacte qu'au début? Telle est la question que M. le duc de Persigny a tout d'abord traitée, en l'envisageant résolûment à son véritable point de vue, c'est-à-dire en étudiant la signification de la grande lutte électorale de l'année dernière. La réponse ne s'est pas fait attendre. Des chiffres irrécusables n'ont pas tardé à démontrer que l'agitation dont les élections de 1863 ont été accompagnées n'était qu'un effort désespéré des anciens partis, une convulsion — probablement la dernière — d'adversaires qui s'étaient depuis douze ans tenus dans l'ombre, que l'Empire était toujours aussi profondément enraciné qu'autrefois dans l'affection des masses, et qu'à la turbulence de la capitale et de quelques cités industrielles, les classes agricoles — imitant ainsi l'exemple des tribus rurales de l'ancienne Rome — avaient opposé l'inébranlable fermeté de leur dévoûment.

Les marques unanimes d'adhésion données par la foule des agriculteurs qui entourait M. le duc de Persigny ont prouvé combien son argumentation était frappante de justesse et à quel point il venait de se rendre le fidèle et chaleureux interprète des vrais sentiments de ces populations laborieuses qui, après avoir fondé l'Empire, lui donnent, pour ainsi dire, chaque jour, par l'incessante manifestation de leurs sympathies, une nouvelle investiture.

Oui, M. le duc de Persigny a eu raison de dire que l'Empire *avait la conscience du droit le plus éclatant de l'histoire.* Il est le symbole et la personnification même du droit absolu; car, pour rappeler encore une parole de l'éminent orateur, il a été « fondé, établi, constitué par la volonté de tout un peuple; » et tandis que les gouvernements antérieurs négligeaient dédaigneusement le suffrage populaire ou le traitaient comme un ennemi dangereux qu'il fallait fuir ou réprimer, lui seul a pris l'assentiment des masses directement consultées pour base de sa légitimité.

A côté de ces considérations historiques et sociales qui ont si vivement intéressé, M. le duc de Persigny a eu sur la mission future de l'Empire des aperçus qui bien certainement feront sensation en deçà comme au-delà de nos frontières.

« Le rôle militaire de l'Empire, a-t-il dit, est terminé. C'est évidemment une ère nouvelle de paix qui commence. » Bornons-nous à constater cette déclaration significative. La commenter ne servirait qu'à en atténuer l'effet. Les échos ne lui manqueront pas.

Le programme qui l'a accompagnée et qui peut se résumer en ces mots : Développement progressif et constant de la prospérité matérielle et morale du pays, a été accueilli avec une satisfaction marquée par les nombreux agriculteurs qui l'ont entendu exposer. La France ne lui fera pas un autre accueil. Elle s'associera aux acclamations par lesquelles les enfants du Forez ont couvert la voix du plus illustre et du plus aimé de leurs compatriotes.

C. GACHES.

MONITEUR DU CALVADOS.

Le Gouvernement est en veine d'être bien défendu ;
c'est ce qu'on se dit en lisant le discours prononcé par
M. le duc de Persigny à Roanne, évènement qui est une
coïncidence heureuse avec la discussion du budget ; l'ex-
ministre se rencontre avec M. Vuitry pour tracer à grands
traits un tableau du développement des richesses du pays,
et pour affirmer, dans un magnifique langage, que l'Empire n'a pas failli à sa destinée providentielle, et que le
témoignage des masses lui rend cette justice.

La foi politique de M. le duc de Persigny est d'une
trempe bien connue ; aussi l'appréciation qu'il fait ré-
trospectivement de la lutte électorale de l'an dernier, et
de ses grands résultats, est-elle conforme aux meilleurs
jugements qui ont été portés sur cette matière. Cette
partie de son discours est traitée avec le calme superbe
d'un homme qui compte déjà avec l'histoire plutôt qu'il
ne se préoccupe d'attiser les feux d'une polémique usée ;
elle ne s'adresse pas aux passions, mais à la méditation
des esprits calmes et justes.

G. PIGNET.

COURRIER DE LA CHAMPAGNE.

L'importance des débats du Corps législatif n'a rien fait perdre de son intérêt au discours prononcé à Roanne par M. le duc de Persigny, non plus qu'à la signification de l'accueil enthousiaste fait par les populations patriotiques du Forez au conseiller fidèle, à l'ami éprouvé de l'Empereur.

Les relations de l'entrée de M. le duc de Persigny dans l'industrieuse cité du département de la Loire, sont unanimes sur l'empressement avec lequel toutes les classes, tous les corps d'état, tisseurs, mariniers, agriculteurs, constructeurs, mécaniciens, anciens militaires, pompiers, sociétés de secours mutuels, etc., etc., se sont rendus, précédés des maires et des conseillers municipaux des campagnes, au devant de M. le duc de Persigny plusieurs heures avant sa descente de chemin de fer. Propriétaires, paysans et ouvriers, membres du jury du Concours régional et exposants, tous voulaient acclamer le serviteur énergique de Napoléon III et lui témoigner ainsi leur dévoûment à l'Empire.

Un océan tumultueux de têtes, un concert assourdissant de vingt mille voix, des visages radieux sur toutes les portes, des bouquets de jolies femmes à tous les balcons, un soleil splendide, tel est, nous dit le *Mémorial de la Loire*, le tableau splendide qu'offrait la ville de Roanne au moment de l'arrivée de l'illustre Visiteur. On se presse, on se pousse sur les pas de ce « bienfaiteur de la cité, » qui va pédestrement en face du champ d'exposition. Il pleut des fleurs, et les cris de : *Vive l'Empereur !* *Vive M. le duc de Persigny !* qui n'ont pas cessé, éclatent avec un redoublement d'énergie. Rien n'a manqué à la sanction donnée par l'assentiment populaire, aux principes et à l'attitude politique de l'habile et courageux homme d'Etat.

Le lendemain, pour se rendre au champ du Concours, où doit avoir lieu la distribution solennelle des récompenses aux exposants, M. le duc de Persigny doit passer à travers une haie épaisse de peuple qui le salue de nouveau de ses acclamations, jusqu'au moment où, parvenu au fauteuil de la présidence, il prend la parole pour prononcer l'éloquent discours que le *Moniteur* a reproduit dans son numéro du 10, et qui a été applaudi par la France entière.

Le discours dans lequel M. de Persigny a mis toute son expérience d'homme d'Etat, toutes ses convictions d'observateur judicieux et pénétrant, est une œuvre qui ajoute de nouvelles clartés à la pensée du règne. Sa première partie établit avec une grande vérité, d'après des considérations puisées dans l'histoire, que c'est dans la confiance et l'appui des populations rurales que les gouvernements trouvent les éléments les plus sûrs de leur grandeur et de leur durée. Où en est aujourd'hui l'Empire ? s'est demandé avec sa précision habituelle M. le duc de Persigny. Et l'illustre orateur envisageant la question à son véritable point de vue, c'est-à-dire en étudiant la signification de la lutte électorale de l'année dernière, a établi par des chiffres irrécusables que l'agitation dont les élections de 1863 ont été accompagnées n'était qu'un effort désespéré des anciens partis, de ces adversaires impuissants qui depuis douze années n'ont trouvé que de rares adeptes dans les villes , mais ont toujours été repoussés par les classes agricoles. Tous les partis coalisés devant les scrutins de 1863 n'ont pu empêcher en effet les candidats du Gouvernement d'obtenir un chiffre total de votes qui a dépassé celui de tous les grands votes populaires précédents.

Ce résultat acquis , M. le duc de Persigny a examiné avec non moins de bonheur les principaux caractères de l'Empire, en ce qui concerne l'assimilation et la fusion des partis, et la politique extérieure et intérieure. Le programme des grandes améliorations , des grandes entreprises que doit favoriser la paix ; les travaux de Paris servant de point de départ à l'impulsion générale donnée à l'activité publique, ont trouvé dans l'éloquent orateur un interprète qui servira à les fixer définitivement en Europe. « Le rôle militaire de l'Empire, a-t-il dit, est terminé. C'est évidemment une ère nouvelle de paix qui commence. »

Ces paroles, rapprochées de celles de l'honorable M. Rouher , répondant à M. Berryer , sont plus qu'un commentaire ; elles sont un programme.

C. MARTIN.

L'YONNE.

M. de Persigny vient de prononcer, à Roanne, à propos de la distribution des prix du Concours régional qu'il présidait, un discours destiné à produire une grande sensation, car il est considéré généralement comme le manifeste d'un programme nouveau de politique extérieure :

« Jusqu'ici, a dit l'ami de l'Empereur, ...

. . . .

Voir page 42, troisième alinéa.

Evidemment, ces paroles, jetées au milieu des complications du moment, alors que les uns annoncent la guerre et que les autres la désirent, n'ont pas été prononcées à la légère. L'on peut croire qu'avant de les prononcer, l'éminent homme d'Etat s'est assuré d'avance que les faits ne lui donneront pas un démenti ; l'on peut croire aussi que la France, rassasiée de gloire et d'émotions patriotiques, s'adonnera avec une ardeur nouvelle aux conquêtes du travail, de l'intelligence et de la science auxquelles la convie M. de Persigny. Notre glorieux pays n'est fait ni pour le repos, ni pour l'immobilité. L'ascendant qu'il a conquis en Europe ne servira qu'à donner encore plus d'élan à son activité pour tous les progrès de l'agriculture, de l'industrie, des arts et des lettres.

Cette lutte de progrès et de civilisation profitera à la grandeur du pays et au bien-être de tous en même temps qu'elle peut devenir pour les partis, un terrain commun de conciliation et de concorde, et amener à côté du progrès matériel ces réformes libérales qui consolideront l'Empire plus que ne pourrait le faire l'éclat des conquêtes et des triomphes militaires.

Le discours de M. de Persigny contient aussi quelques indications utiles à recueillir, en ce qui regarde certains parleurs incorrigibles qui, de la tribune législative, font appel aux passions ignorantes, aux rancunes invétérées. Mais nous mettrons bientôt sous les yeux de nos lecteurs cette belle page d'histoire dont l'accent libéral répond à la fois aux sentiments de la masse de la nation et aux élucubrations qu'apportent en ce moment à la tribune, à propos de la discussion du budget, les hommes des vieux partis. Ces longs et interminables débats sont la répétition textuelle, peut-on dire, de ceux des sessions précédentes que nos lecteurs connaissent amplement. Du côté de l'opposition, c'est toujours la même tactique de rappeler, d'exagérer les dépenses faites et de passer hypocritement sous silence les résultats obtenus. Du côté des orateurs de la majorité, c'est toujours le même soin, consciencieux, incessant, à combattre l'opposition avec ses propres armes, à reprendre ses arguments point par point, chiffre par chiffre, et à faire ressortir l'artifice de systèmes auxquels leurs auteurs ne croient pas eux-mêmes, puisqu'en d'autres temps et pour d'autres besoins, ils ont professé, presque tous, des idées diamétralement contraires.

J. LOBET.

L'AIGLE , COURRIER DU MIDI.

Les discours de M. de Persigny sont de véritables évè
nements. Sera-ce trop forcer l'expression que de rappeler,
à leur sujet, cette parole d'un illustre penseur du dernier siècle : Derrière les évènements se cachent toujours
de grandes causes morales ? Ici le premier mobile n'est-ce
pas la pureté d'un patriotisme éclairé, et la cause morale
ne réside-t-elle pas dans cet ardent amour de la France
telle que l'Empereur l'a faite, dans une foi inébranlable
en ce qui touche à l'accomplissement d'une mission toute
providentielle et aux glorieuses destinées de l'Empire ?
Mais si, dans le remarquable discours qu'a prononcé
M. de Persigny devant les comices agricoles de Roanne,
on cherche encore quelque chose de plus, on ne tarde
pas à y trouver les premiers linéaments d'une sorte de
programme embrassant notre politique intérieure et
notre politique extérieure.
Au dehors, selon M. de Persigny, la France a terminé
son rôle militant, et, afin de ne pas se laisser devancer
par l'Europe dans la voie des utiles améliorations, elle
a surtout besoin de consacrer ses efforts au développement des forces vives du pays et à l'extension de la richesse nationale, suprême but de l'économie du gouvernement. C'est, enfin, pour la France, « une ère de paix

qui commence, » dans l'intérêt même de la civilisation.

Cette parole, concordant si bien avec le magnifique langage de M. Rouher et avec cette déclaration de M. Vuitry : « Quand presque toutes les puissances sont en état de paix armée, nous sommes, dans le monde, par notre attitude, aussi bien que par nos intentions, les représentants les plus énergiques du maintien de la paix, » cette parole, disons-nous, a une signification considérable et une portée qu'on ne saurait atténuer. Nous ne doutons pas qu'elle n'ait un grand retentissement en Europe et qu'elle n'exerce une influence salutaire dans la cité de Londres, où sont en ce moment réunis les représentants des puissances pour trancher les difficultés qu'a fait naître le conflit dano-allemand. Ces paroles de paix de M. de Persigny ne seront pas sans autorité et pèseront assurément d'un certain poids dans les délibérations de la conférence, où elles rencontreront plus d'un écho. Quoi qu'il en soit, nous nous empressons de transcrire ici un nouveau passage de cet admirable discours pour compléter nos précédentes citations.

R. Valladier.

Courrier du Havre.

Le discours prononcé par M. le duc de Persigny au Concours agricole de Roanne n'a eu qu'un tort, celui de se trouver pris et en quelque sorte étouffé entre les débats du Corps législatif, d'une étendue plus qu'ordinaire, et un procès qui s'impose à la curiosité publique. En temps ordinaire, le discours de l'ancien ministre de l'intérieur aurait produit une profonde sensation. M. le duc de Persigny, on le sait, a rapporté d'un long séjour en Angleterre, d'abord comme compagnon d'exil du prince Louis-Napoléon, et en dernier lieu comme ambassadeur du prince exilé devenu Empereur, un goût très prononcé pour les mœurs politiques de ce grand peuple. Il trouve avec raison que la France aurait tout profit à s'approprier quelques-unes des habitudes politiques de l'Angleterre, en les adaptant aux allures propres de son esprit. Ce n'est pas l'anglomanie ridicule de nos turfistes, qui n'empruntent à nos voisins d'Outre-Manche que leurs ridicules, que M. le duc de Persigny voudrait voir se développer en France ; mais bien cet esprit sérieux et pratique qui use de la liberté, non dans un but de stérile agitation, mais comme d'un instrument de progrès.

Le discours, largement politique, prononcé par M. le duc de Persigny au Concours agricole de Roanne, rappelle ceux que les hommes les plus considérables du Parlement anglais, les Palmerston, les Disraeli, les Derby, les Russell aiment à prononcer dans ces belles réunions périodiques des comtés qui sont les fêtes de l'agriculture.

En France, la politique se fait trop exclusivement à Paris : on dirait que là seulement les orateurs peuvent espérer de trouver des auditeurs capables de les entendre. La province et les campagnes doivent s'estimer satisfaites qu'on leur parle de leurs orges ; et le progrès semble devoir se borner pour elles à l'invention ou à l'importation d'une charrue perfectionnée.

M. le duc de Persigny ne l'entend pas ainsi, et le discours qu'il a prononcé à Roanne, en présence des agriculteurs de l'arrondissement, n'aurait pas été déplacé dans
le sein du Sénat et n'y aurait pas trouvé des auditeurs
plus attentifs. Nous n'entreprendrons pas d'analyser ce
discours : nous nous bornerons à en citer un passage
très remarquable, où l'orateur établit un parallèle entre
la manière dont les mandats politiques s'obtiennent dans
les campagnes et dans les grandes cités.

E. MOUTTOT.

MÉMORIAL DE VAUCLUSE.

La rustique estrade du Concours régional de Roanne
vient d'être transformée en tribune. M. de Persigny y a
prononcé un discours comme il faudrait qu'on en adres-
sât souvent aux populations des campagnes. On empê-
cherait ainsi l'erreur de s'y propager et les partis d'y
ressaisir une influence aussi funeste au développemen
des affaires qu'à la conciliation des esprits.

Le moment, le lieu y étant propices, M. de Persigny
a mis en présence, sous le rapport des sentiments et des
actes politiques, la population urbaine et la population
rurale. Le parallèle, sans cesser un instant d'être exact,
n'est point à l'avantage des grandes cités. Paris surtout
le Paris agitateur et imprévoyant, qui oublie si vite le

bien qu'on lui fait et le mal qu'il fait ; Paris est semoncé
d'une verte manière. Bah ! comme les enfants gâtés, Paris
écoutera la semonce, tournera les talons, n'y pensera
plus et continuera ses fronderies.

Mais la situation est changée. Désormais, plus nous
irons, moins Paris exercera d'influence sur les destinées
nationales. On commence déjà, dans nos calmes provinces, à regarder le tapage de Paris comme un bruit de
grelots. Signe fâcheux et humiliant : Paris peut bien encore essayer des émeutes de scrutin, il ne tentera plus
de révolution de barricades.

Tant pis pour Gavroche et pour le père Mabeuf, le
temps est fini des insurrections périodiques !...

C'est ce qui résulte clairement du tableau dans lequel
M. de Persigny place en regard le groupe citadin et le
groupe campagnard : celui-ci ennuyé, fatigué enfin d'a-
voir à réparer les vitres que l'autre se plaît à casser
sous le moindre prétexte et même parfois sans prétexte.

« En province , ...
Voir page 38, deuxième alinéa.

Tel est, en effet, du moins pour la période historique
où nous sommes , l'une des conséquences , nous oserions
volontiers dire un des dangers du suffrage universel.
Comment le conjurer ? Par la divulgation incessante , vi-
gilante des saines idées politiques. On ne s'y est pas appliqué assez jusqu'à présent. On a laissé le champ libre
aux erreurs habilement semées , aux calomnies perfide-
ment propagées. Il est temps d'aviser, non par des res-
trictions, mais par des expansions de publicité. A l'action
dissolvante , il faut opposer l'action vivifiante. Il faut , du
petit au grand, dans les réunions locales, au sein des
comices , à l'occasion des solennités juridiques, sans cesse

et partout, imiter M. de Persigny. Ce qu'il a fait, tout bon citoyen a, comme lui, le droit de le faire.

A. BAYVET.

JOURNAL DE MAINE-ET-LOIRE.

Revenons au discours de M. de Persigny ; il a son importance, même au milieu des débats du Corps législatif ; il fait assez bonne figure, même à côté des œuvres magistrales de nos grands orateurs. Ce discours est un manifeste ; il déroule un plan politique parfaitement arrêté : celui de faire des populations agricoles la force principale de l'idée napoléonienne. Veut-on savoir pourquoi M. de Persigny préfère cette classe à toutes les autres ? C'est qu'elle a des habitudes d'ordre, des instincts de conservation, un amour du travail qui la rend éminemment propre à servir de base à un gouvernement. Puise-t-elle, comme l'affirment certains théoriciens, ses sentiments moraux dans la contemplation permanente des beautés de la nature ?

« En province, ...

Voir page 38, deuxième alinéa.

Ce tableau est vrai. Seulement les villes, sous le rapport politique, sont constituées, elles aussi, de façon à avoir une opinion politique qui doit peser dans les conseils du Gouvernement, et les classes moyennes pour lesquelles M. de Persigny a peut-être trop de prévention, sont encore une puissance avec laquelle il faut traiter. Voilà pourquoi le napoléonisme libéral a aujourd'hui sa grande raison d'être, nous ne craignons pas de dire sa nécessité.

Ces idées, l'intelligence honnête, le patriotisme éclairé de l'homme d'Etat qui sert avec tant de dévouement la cause de l'Empereur, ne les repoussent pas. M. de Persigny croit à l'Empire et à sa perpétuité. Ni les orages du présent, ni ceux de l'avenir ne l'effraient. Ces sentiments de confiance, il les exprime énergiquement dans le passage suivant, qui a été vivement applaudi :

« Quant à moi, Messieurs, ...
Voir page 40, premier alinéa.

L'orateur rappelle que le dernier et suprême effort de ces partis n'a abouti qu'à détacher du chiffre des abstentions environ 500,000 voix pour les donner à l'opposition.

« Mais, ajoute-t-il, la masse, ...
Voir page 41.

L'orateur a terminé son discours en affirmant que la paix était aujourd'hui plus sûre et moins facile à troubler qu'aux débuts de l'Empire. Cette déclaration, émanant d'une voix autorisée, a, dans les circonstances actuelles, une importance exceptionnelle sur laquelle nos lecteurs ne se méprendront pas.

EUGÈNE JOLY.

L'ÈRE IMPÉRIALE.

M. de Persigny vient de prononcer au Concours régional de Roanne un discours que nous reproduisons, en appelant sur les grandes vérités politiques qu'il a si justement et si éloquemment exprimées, toute l'attention de nos lecteurs.

Dans les paroles de l'éminent homme d'Etat, les populations agricoles surtout trouveront leur histoire et leur devoir. Fondement et rempart des sociétés humaines, elles y verront ce qu'elles doivent faire et ce qu'on doit faire pour elles. Leur dévoûment et leur fidélité s'augmenteront encore pour le gouvernement de l'Empereur qui les comprend si bien, et pour les sages et fécondes institutions de l'Empire dont elles sont à la fois la base, le but et la force.

SEPTAVAUX.

JOURNAL D'INDRE-ET-LOIRE.

Le discours récent de M. de Persigny, fort remarqué en France, a produit une assez vive impression à l'étranger, notamment en Angleterre et en Italie. Les liens qui attachent à l'Empire l'ancien Ministre de l'Intérieur rendent plus graves ses paroles, et l'on s'est persuadé que son discours, mis sous les yeux de l'Empereur avant d'être prononcé, avait reçu sa haute approbation. Les déclarations pacifiques qu'il contient ont donc produit beaucoup d'effet, d'autant plus que, parmi les conseillers de la couronne, on croyait généralement que M. de Persigny était plus particulièrement partisan de la guerre. A Turin, ce discours n'a pas manqué de causer quelque désappointement.

CH. CAHOT.

COURRIER DE BRETAGNE.

Nos lecteurs nous sauront gré de leur mettre sous les yeux le discours politique que M. le duc de Persigny, membre du conseil privé, vient de prononcer dans la Loire et qui est la grande sensation du moment.

L'élévation de la pensée et la chaleur de l'éloquence ne sont pas les choses les plus remarquables de ce discours ; ce qu'on y applaudit le plus, c'est la justesse des vues politiques.

La position autorisée de l'éminent homme d'Etat donne un grand poids à ce qu'il dit, et le pays, en cette circonstance, s'associera certainement à la manifestation de Roanne, qui défend l'Empire et venge la France fatiguée de ces attaques incessantes dirigées par deux ou trois députés, contre le pouvoir sorti de sa volonté souveraine.

M. de Persigny s'est principalement étendu sur les sentiments des populations rurales, qu'il trouve en complète communion d'intérêts et d'idées avec l'Empire.

Ce discours est non-seulement la prédiction de la paix, il en est encore le programme.

Aussi, malgré son étendue, nous avons voulu le reproduire *in extenso*.

V. AUGER.

L'UNION DE LA HAUTE-MARNE.

Un discours vient d'être prononcé à Roanne par M. le duc de Persigny. Un concours régional en a été le prétexte ; une importante déclaration publique, peut-être l'inauguration d'une situation politique nouvelle en a été le but. Le *Moniteur* reproduit *in extenso* ce document, où il est dit que le rôle militant de l'Europe est aujourd'hui terminé. Or, pour tous ceux qui connaissent les allures du *Moniteur* et la réserve de M. de Persigny, cette parole de paix est utile à recueillir. Le noble comte, lorsqu'il parle, sait fort bien que les faits ne lui préparent aucun démenti.

J. CARNANDET.

GAZETTE DE PÉRONNE.

. Depuis deux jours, on a fait courir le bruit de la prochaine rentrée de M. de Persigny au ministère de l'intérieur. Je crois pouvoir vous affirmer que, pour le moment du moins, il n'est pas question de modifications ministérielles. Ce qui a sans doute donné naissance à ces bruits, c'est qu'on avait annoncé à l'avance que M. le duc de Persigny devait prononcer un grand discours au Concours régional de Roanne, et que ce discours est publié tout au long ce matin par le *Moniteur*.

Quand un homme a rempli dans un gouvernement un rôle aussi important que celui de M. de Persigny, il ne peut prendre la parole sans que l'on attache à ce qu'il dit un caractère tout particulier, et que l'on y cherche quelque reflet de la pensée impériale.

Le discours de l'ancien Ministre de l'Intérieur est un véritable évènement politique. Quelques personnes ont voulu y voir un programme. Je crois qu'elles se trompent : c'est plutôt une appréciation du passé et du présent ; une vue générale du meilleur mode de gouvernement, personnifié dans le régime impérial. C'est, en tout cas, un document remarquable, même aux yeux de ceux qui ne partageraient pas les idées de politique pratique de M. de Persigny.

E. CAHOT.